新刻六直江舜儀評訂神仙鑑二集卷之十四

江夏問陽宜史徐衜述

汝南清眞覺姑李理贊

包山玦樓秘本

○徐張傑士互成功　○○水火佛奴同證果

法善徐謂侍者曰取我累符投之鵝首既投而波流靜謐有頃已濟顧舟人曰爾可廣召同侶沿流十里間或蘆洲葭渚有巨鱗在焉舟人承教不數里果有白魚長百尺周三十餘圍偃暴沙上就視腦有穴嵌然流膏舟人因臠割載歸左近村閭食魚累月法善至天台設齋畢命內官覆旨遂留居四明之下五月一日有叟詣門號泣求救引問

東海龍　婆羅幻僧

婆羅門亦有道引其說一龍引二龜引三麟盥四龍視五鶴舉六鸞趨七鶯翔八熊迅九寒松控雪十冬柏凌風十一仙人排天十二鳳凮鼓翅

之叟曰某東海龍也天帝勅主八海之寶千年一更其任無過者超證仙品某已九百七十年矣微績垂成有婆羅門逞其術往海峰晝夜禁咒積三十年其法將成海水如雲捲入半天五日午時海將竭矣統天鎮海之寶上帝制靈之物必為幻僧所取念某千年功反受譴責乞天師賜丹符垂救言畢辭去至期葉師勅丹符飛往救之海水復舊其僧愧恨赴海死明日龍叟齎寶貨珍奇來報師曰棲神之所無用寶貨為也此石崖之上去水且遠但致一清泉即為惠矣是夕聞風雨之聲及明繞山麓四面成一道石渠泉水流注經冬不竭後名為天師渠其友傳八史字仙宗既得

烏龍

李信純

太守

太上勅牧之以恬淡行之以簡易潛身自修皆稱鍊師韋善俊（名善道 遐公後）平日齋誦老子經復遍尋名嶽遇神人授三皇檄召文得洞元神化之道或靜棲林野常攜一犬號烏龍蓋前遊紀南偶憩義犬塜上土熱如烘詢土老云三國時李信純家有一黒犬純醉卧草澤間適太守出獵見草木深茂命縱火（作孼）焚之犬連曳純衣不醒乃以身蘸水於卧處週廻透濕火至不燎犬竟以傷勞而死純感之聞於太守具棺衾葬焉善俊知靈犬已得地氣夜半發塚視之身出烏毛如金長尺餘以丹納其口即起抖擻相隨毛漸蛻折僅留寸許所至之處必分已食飼之犬復病疥毛盡禿

○○法融

犬可化龍人何自棄

落無不嫌惡善入嵩山寺見凡法融衆僧以師長之弟多年忽歸彌加敬奉每升堂齋食善即牽犬於側衆厭之白於長老融召善笞擊十數責曰與汝懺却罪過善曰宿債已償太上來召也更乞一浴浴竟牽犬至殿前犬忽化龍長數十丈善乘之上天拏其殿角衆僧驚歎融曰莫羨他忘却家珍耶融年十九通經學尋閱大典曉達眞空歎曰儒道世典非究竟法般若眞觀出世舟航遂投師薙髮入牛頭山北巖止焉有百鳥啣花之異貞觀中四祖道信既傳道於黃梅弘忍師復遙觀星氣知牛頭有人遂往詠見融端坐石室曾無所顧問此何爲融曰觀心祖曰觀是何

二世爲僧
題今一孝
嗚免輪迴
婆婆寐

人心是何物。融無對，便起作禮，祖因止山後小菴，朝夕以法要授之。後復還破頭雙峯，永徽初，謂門人曰：汝等各自護念，流化將來，端坐而逝。融遂住嵩山，法席日盛，因徒衆乏糧，親詣丹陽化緣，去山八十里，躬負米一石八斗，朝出暮歸，供僧三百，於建初寺講般若經，聽者雲集，山嶽爲之震動。丁巳夏五月，融告終，百鳥哀號，寺中四桐樹皆一時凋落。五祖弘忍因父卒，母老，歸住黃梅縣之東禪寺奉養。常謂母曰：世多母子相因而榮貴，今吾母爲子貧而受苦也。每自遠摘山花，烹嘗木菌，務悅其心。後母卒，廬墓夜哭者九年。世頌爲孝僧。初，天竺方士婆婆寐言有長生術，太

太子忠
太子弘

宗頗信之發使諸婆羅門諸國采藥藥竟不就乃放還及
是復來帝曰秦漢求仙卒無所成果有不死之人今皆安
在李勣曰此人容髮衰白已改於前矣帝遂遣歸未及行
而死時帝廢太子忠立弘爲太子生武后贈后父爵周國公
褚遂良諫貶潭州刺史素工書草博觀釋典遊衡嶽與僧
衆言時事僧曰貞觀間此山有異人至綠毛覆體細視面
目猶似人也吾師懼問曰檀越爲山神耶野獸耶何事特
至貧道禪居此地不擾生靈神有知無相惱也其物合掌
問今何代師曰大唐也曰和尚知晉宋乎自爾至是幾載
師曰二百餘年矣乃曰上人博古寧不以有姚泓乎身實

泓也師曰覽晉史泓爲裕執斬子何復稱耶泓曰當時國滅被執未及肆刑我乃脫身走匿裕遂假一貌類者斬之以立威聲耳師留坐細問曰適子所言史皆妄耶泓笑曰漢之淮南王其實昇仙今稱凡八兄遊行於世蓋謂煩八公度去而遷固狀以叛逆伏誅斯則史氏妄言之證也我逃竄山野遨遊福地靜廬既絕火食遂傍此峰惟餐松栢葉年深已得不死之道師問生毛何故泓曰秦宮人入太華峰餌其松栢寖久體生碧毛尺餘至今謂爲毛女峰泓臨去云將性真境求正果也遂良歎異歸紀錄見聞諸事期年病痿遠來一李醫者曰招我不來不招而至以君忠

上愛下故候問耳遂良曰生死有定分寵辱何足論醫者笑頷而去遂良未幾卒巳未帝苦風眩目不能視奏事召

馬啟

募醫工時思邈遠遊其徒馬啟往視曰當於眉間刺血郎瘥后怒曰天子頭是汝刺血處命撲之帝曰若因血獲瘥幸矣啟遂針之血出濺黼衣兩眼遂明后自抱繒帛賜之

龍朔

辛酉改元龍朔以西域諸國為州府七十六（凡府八州）時伽毘那

伽毘耶國

國獻天鐵獸使者言其能擒獅象瘥七日內取其未開目

天鐵獸

者蓄而調習稍長則難馴帝試之果然厚遣其使壬戌此

劉仁軌

獸病死帝問羣臣莫有對者給事中劉仁軌曰按魏志武帝至曰狼山見物如貍跳至獅子頭獅被其殺此獸意不

麟德

四 張公藝

乾封

快獲土取金食之即健其筋骨堅過於鐵鎔之可作兵刃帝付冶工果造寶劍一佩之生威百獸懾伏甲子改元麟德乙丑春詔議封禪禮帝后至壽張張公藝九世同居北齊隋皆旌表其門帝幸宅問之公藝唯書忍字百餘以進帝賜以縑帛丙寅改元乾封元朔帝后上封泰山禪社首下山見一老人傴僂道左去欲觀盛典昨邀諸道友同來顧在家看佳兒佳婦帝后以其諷已將遣擒之疾趨不見二月駕過曲阜祀孔子以少牢贈太師四月至亳州尊老君為太上玄元皇帝聞潘師正有道時隱嵩山逍遙谷還象都召見問其何須師正曰茂松清泉臣所須者也帝尊

總章
盧迦逸多
烏茶國

異之詔即其廬作崇唐觀時太常獻新樂帝更名祈仙望
仙翹仙曲師正還山三原田游巖永徽時補太學生罷歸
母妻皆有方外志移入箕山居許由塚旁自號由東隣頻
召不出時帝至其門野服出拜帝曰先生比佳否對曰臣
所謂泉石膏肓烟霞痼疾者帝以方四皓建奉天宮於山
間其第直宮之左詔勿毀榜其門曰隱士游巖宅丁卯詔
跨海東征李勣爲遼東大總管戊辰春二月彗星見於五
車改元總章是秋薛仁貴大破麗兵勣圍平壤拔之王藏
出降冬十月帝以盧迦逸多爲懷化大將軍本烏茶國婆
羅門人烏茶西域國一曰烏伏那亦曰烏長直在天竺其東則大食國也出巴爾薩摩香

郝處俊 言能合不死藥帝將餌之東臺侍郎郝處俊諫曰修短有

那羅邇 命非藥可延貞觀之末先帝服那羅邇娑婆寐藥大漸之

際名醫不知所爲議者將加顯戮恐取笑戎狄而止前鑒

百濟 不遠願陛下深察帝乃止時扶餘國遣使入朝（在百濟新羅之間）

扶餘國王 帝問其使對曰國主本中原張姓隋末入海經營本國

虬髯結局 內亂入據三十餘年一旦有徐仙師來國主故友也言及

扶餘王 張雍 世事浮雲榮華幻影即傳位世子雍而去新主奉遺命遣

臣朝貢帝厚遣之己巳冬十一月李勣卒十二月衛縣崔

崔讓 令卒衛州吏民歷奏其異請立祠祀之初祁州鼓縣崔讓

無嗣與妻虔禱衡岳夢一仙童手擎一合曰帝賜合中物

令君夫婦吞之讖，故見異玉二枚，各吞其一，妻遂有娠，於大業三年六月六日生一子，神彩秀異，幼從學，日誦千言，舉止如老成人。因名珏，字子玉。誌雙玉之異。太宗舉賢良，除潞州長子令，正直不私，察鑒秋毫。鄰人言縣君晝理陽間，夜斷陰府。時五月初，諭邑人，此月望日及既望，毋殺生射獵。有民潛出郭外，射一兔，入城門，吏搜執之。公問曰：爾故犯，欲以縣庭決罰，陰府判問。其人乞受陰罰，以為陰理渺遠，遂得放還家。是夜方就枕，有黃衣吏喚去，見崔君王者冠服，據案坐，檢諸人罪狀，或促其壽，或墮其子孫，或減其食祿。民亦被罰，令還。遂驚覺，傳播。於是無敢犯者。門吏報雕黃廡有

二孟完

七楊叟

猛虎傷人公遣首吏孟完賫符牒至山廟勾虎其虎自出御符牒隨至公庭公責曰汝乃異類食啖人民罪當如何虎觸堦而死邑人立生祠以祀公咸稱爲神明貞觀十七年遷磁州滏陽令後遷衛令與善奕楊叟同赴任所西南五里有河夏水泛渰民田公於河上設壇詞奏於上帝頃間有巨虵浮水死水患遂息郡人亦立生祠一日公與楊叟奕有黃衣數輩執符而至曰奉帝命召歸衛岳次有玉珪王帶紫服冠簪綉衣五嶽衛旗百餘拜立於庭奏絲竹之樂復有一人取白馬至公曰汝輩少住呼二子曰吾將去世無得大慟取紙筆寫百字銘以訓之遂瞑目而逝年六

咸亨　汪同阜　汪彥　汪華

十四刺史奏其事詔贈府君爲磁州都土地立廟像馬從祀之庚午改元咸亨南越使臣奏請世子嗣位降勅同阜襲爲王越王祖居新安績溪縣樂義鄉其父汪彥家貲鉅萬諸普陀求子生興哥年十五如聾啞食兼數人彥憂慮託老誠夥計將萬金往蘇州開典鋪試令管之興任意作爲凡有貧苦者求告悉如其願一月施盡彥至痛責之興笑曰有錢不使用要之何爲彥取回禁之於室半年興僞以百錢生息彥以爲省世情矣探之曰再出經營何如興曰得五萬金方可彥即允與選能幹家人隨往明州坊麗白鰲且晋陀還願夜步月至釣鰲磯先有一漢突眼鬍腮踞

豪傑　劉琮　李晃

石曰安得數萬金成一天好事也興前問之大漢曰豎子何知興曰金直恁難乎漢踈然曰君能周旋明年此日仍於此陪還不食言也興拉下船同寓盡數交與還家彥知其故大怒叱責次年春仲興敎束裝東去仍坐磯上三更認得眞分大漢果至把臂曰承兄慨助方免脫巾之變已得閩粵及浙西計三十餘郡島嶼百餘處所稱海東天子劉琮者卽弟也分將十萬金送至貴宅矣邀至海彩鷁艤集筵款十日臨行琮密授以計及歸父母歡迎時遍傳海寇占據州縣漸逼新安興具疏投大總管李晃求代申奏自認團練義兵保障降旨授南路總管駐師溫睦間寇卽退去師

次建南亢旱米價騰湧軍民洶洶海中遶糧五百萬石來濟貞觀初封興吳國公琮連舡千號直進小洋請會琮曰舍妹及笄願偕箕帚興說琮歸正即應諾修表與保奏授誠太宗遣使宣化與進爵越王賜名華字子華自復取劉氏封安海郡君琮賜爵平海王永鎮海東後汪劉世爲姻婭終唐代克盡臣節郡君生于同臯琮請華夫婦入海筵宴忽來二道人儕而修目者曰莫戀浮世忘却眞面目虬髯者曰可往釣鼇磯尋晤俟不見汪劉恍有記憶令棹至磯邊二道迎曰能棄家國便登彼岸三人願皆皈依道者即引見落伽世尊皆敎靜悟潮音洞周一甲子方得紫虛授道也虬髯徽旨訖謂徐

許彥伯　葉方度　祖珍儉　難陀僧　此謂眞戲

師曰能復遊戲塵寰乎徐曰偕行可也咸亨二年至長安許敬宗患惡疾其子早喪孫彥伯遍訪名醫扶餘勸徐翁一行翁曰敬宗邪僻死已爲晚雖有藥焉救此輩也○未幾死謚曰繆時陵空觀道士葉方度有術善禁咒趙州祖珍儉特至觀與葉鬭法觀者如堵祖懸一水甕於梁以刀斫繩斷而甕不墜葉亦以刀咒之橫桄榔枝於人腹上盡力斬斫桄榔斷而肉不傷皆大笑各言所授祖曰我得之難陀僧葉曰我師姓劉却無名也忽一瘠道者向衆曰試施一小術以博衆觀援佩劍向葉祖亂剁如泥觀者大駭一虬髯道者捧肉合爲一體兩不相像瘠道復提劍攔腰揮之仍爲

兩人葉祖如醉方醒跪地拜告二道戒之曰不向深僻悟
太道偏在鬧處播小術耶遂行二人追隨不上壬申春正
中旬太史奏天象云青氣散逸黃雲變色為玄值二道者
求見帝令入二道啟曰君位以陽剛為中正今陰盛於陽
是偏勝也將有女后干國政帝謝遣之是歲改元上元帝
自稱天皇后稱天后帝以風眩復發外邪所干內本不固

姚泓之逃死得仙宛似避秦史形像若非現跡自白則
為劉裕瞞過

虬髯素志已伸則跳出紅塵歸蹤仙境操縱在手真英
雄也

崔府君包待制能陰陽斷事歿皆為神生為上柱國死
作閻羅王信然

世數鄙吝首推徽人然能創大事者亦惟徽人與哥具
雄才樂施予自然化家為國

宋之問

孟詵

盧照鄰

孫處約

天人性理

○孫思邈劇論天人　○周隱者明知禍福

聞孫思邈遊於少室，召至，治之尋愈，詔拜諫議大夫，固辭。○請歸養病，上不許，特賜良馬及鄱陽公主邑司以居焉。當時名士如宋之問、孟詵、盧照鄰等皆師禮事之。初魏徵等受詔修齊、梁、周、隋、陳五代史，恐有遺漏，訪於思邈，口以傳授，有如目睹。東臺侍郎孫處約嘗將其五子侹、儆、俊、佑、佺謁問思邈，曰：俊當先達，佑晚成，佺最居重位，禍在執兵。後皆如其言。癸酉夏，帝幸九成宮，思邈從駕。往時照鄰以惡疾就藥於思邈，因感而問曰：高醫愈疾，其道如何？思邈曰：吾聞善言天者必質於人，善言人者必本於天。天有四時五行，寒暑迭代其轉運也和而為雨怒而為風凝而為霜雪張而為虹霓此天地之常數也人有四肢五臟一覺一寐呵吸吐納循而為往來流而為榮衛彰而為氣色發而為音聲此人之常數也陽用其精陰用其形天人之所同也及其失也蒸則生熱否則生寒結而為瘤贅陷而為癰疽奔而為喘乏竭而為焦枯診發乎面變動乎形推此以及天地則亦如之故五緯盈縮星辰失度日月錯形彗孛流飛此天地之危疹也寒暑不時此天地之蒸否也石立土踊是其瘤贅山崩地陷是其癰疽奔風暴雨是其喘乏雨澤不時川源涸竭是其焦枯良醫導之以藥石救之以鍼劑

知天知人，知其理也

聖人和之以道德輔之以政治故體有可愈之疾天有可消之災照鄰曰人事奈何曰心為之君君尚恭故欲小詩曰如臨深淵如履薄冰謂小心也膽為之將以果決為務故欲大赳赳武夫公侯干城謂大膽也仁者靜地之象故欲方不為利回不為義疚行之方也智者動天之象故欲圓見機而作不俟終日智之圓也復問養性之要答曰天有盈虛人有屯危不自慎不能濟也故養性必先知自慎也慎以畏為本士無畏則簡仁義農無畏則墮稼穡工無畏則慢規矩商無畏則貨不殖子畏則孝父畏則慈臣畏則勳立君畏則亂治是以太上畏道其次畏天其次畏物

太子賢

儀鳳 狄仁傑 正神

調露 裴行儉

突厥都支

其次畏人其次畏身憂於身者不拘於人愼於小者不懼於大戒於近者不悔於遠如此則人事畢矣照鄰拜謝其教思邈庭前有病梨樹照鄰爲之作賦以自悲并序其生平焉乙亥春帝患泄太醫令主補脾思邈獨謂補脾不如補腎遽用金匱腎氣飲泄立止帝好靜攝使后攝政后鴆太子弘立賢爲太子丙子改元儀鳳以狄仁傑執法敢言擢爲侍御史字懷英太原人未第時假醫藥濟人嘗赴并州法掾登太行山見白雲孤飛泣曰吾親舍在其下也己卯改元調露突厥都支與吐蕃連侵安西侍郎裴行儉送波斯王子歸陽爲畋獵擒都支以歸是秋蜀中道士言祖劉師有

○波斯王　○劉珍　永隆　開耀　永淳　三王勃

法寶藏於山中今時至當出有司具聞帝令驗之實隋末有劉珍修道於瀘州之安樂山一旦取丹經鐘磬封於石室曰後六十年當有聖君取之自即以火化至是遣使取鐘磬丹經以進詔即地建延眞觀親書扁額建觀築基掘地得一石碑云自後整六百年北人當一天下帝命豎此碑於山以警後世宋理宗時金滅元盛見此碑語將驗因築城於稼山碑至元初始踏庚辰改元永隆詔行儉爲定襄道大總管大破突厥於黑山進爵聞喜縣公辛巳改元開耀壬午又改永淳行儉有知人鑑初王勃楊炯盧照隣駱賓王皆以文章齊名號四傑行儉曰士之致遠者當先器識而後才藝勃等雖有文華而

楊烱　駱賓王　盧齊卿　孫溥　婁師德

浮躁淺露豈享爵祿之器耶楊子稍沉靜應至命長餘得令終幸矣後皆如其言盧為新都尉不得意號幽憂子王未滿三十而逝駱七歲能賦詩後避難為僧楊舉神童遷盈州令終世行儉嘗與照隣往見孫思邈與語竟日莫測其厓止退謂盧曰猶龍之歎茲復見矣是夏行儉卒秋八月思邈卒遺令薄葬不藏冥器不奠牲牢經月餘顏色不改舉屍就木空衣而已盧齊卿年方幼問日後所就思邈曰汝後五十年位登方伯吾孫當為屬吏可自保也後果刺史徐州孫溥為蕭縣丞時溥尚未生已預知之所注有老子莊子撰千金方福祿論各三十卷攝生真籙枕中素書會三教論各一卷後復見於終南山往來蓋屍解化去冬十月突厥入寇并州薛仁貴大破之吐蕃寇河源軍婁師德八戰八捷帝為邊境

楊德祖

寧靜、欲遍封五嶽、尚輦奉御楊德祖以爲天道宜奉。五嶽宜封。帝嘉其請、作奉天宮於嵩陽、德祖乃隋太子勇之孫、酷好道以鑪鼎延生爲務、官散俸薄、徃徃闕於饘粥、稍有百金、旋作炭藥之値、忽有凡八兄者、携一僕詣談玄虛論方術、以爲金丹之製不足爲勞、黃白變化、然唔可致、德祖深加尊敬、而凡之剛躁諠雜、嗜酒貪饕、殊不可耐、晝出夜還、不畏街禁、肥鮮醇酎、非時即須、德祖了諳其性、委曲預備、必副所求、由是淹留數月、一日令取鼎釜鎗鐵等、陳於藥房、凡自擊碎之、壘鐵加炭、烈火以煆焉、投散藥方寸七於上、反扃其室、背燈壁隅、乃與德祖庭中步月、中夜謂曰、

◎解空法師

我太極仙人淮南子也得安度明代守是職與八公復位霞宮校理仙籍因思度世託名凡八遊行南方以子棲心至道篤志不回故來相教耳明月良夜能遠遊乎德祖諾遂相與出門約行三十里路頗平穩一山頂八公曰此去長安千里矣當甚勞乎德祖驚其且遠亦以行倦為對八公長嘯逡巡有白獸至命乘之其行迅疾漸覺彌遠因問長安里數曰八萬里德祖悄然忽念未別家小白獸屹立不行八公笑曰果有塵俗之念去世未得遽命送詣雲宮謁解空法師俄頃至法師延坐使青童以金丹飼之德祖接視俱毒螫之物又命飲以玉漿聞之臭不能飲法師歎

凡僕

弘道

裴炎

中宗哲

嗣聖

韋后

帝旦

息令獸送還至家燈燭宛然猶未及曙明晨視其所化黃白燦然雖貴有餘而八兄仙儀杳不可覩後忽見八兄之僕携筐筥過其門問凡君所止云在仙府使我暫至人寰若見奉御令同來可也德祖即入朝辭帝云將棄家遠遊帝素知其有得因問以治身之道對曰孔聖有云人能弘道非道弘人勑百官餞送德祖隨仙僕逕去癸未改元弘道帝患拘攣召太子入侍后復廢誅太子賢第七子英王哲矣立帝召侍中裴炎受遺詔而崩在位三十四年壽五十六哲即位中宗甲申爲嗣聖元年廢韋妃爲后太后廢帝爲廬陵王立豫王旦爲帝后第入子改元文明太后居帝旦於別殿遷帝哲於房州改元光宅詔立

文明
僞周武后 光宅
題目甚正
李敬業 李孝逸 周
垂拱
俞文俊
李景
何婿
景妻

武氏七廟英公李敬業起兵揚州以匡復爲辭移檄州縣裴炎勸返政太后怒遣李孝逸討之敬業敗逃駱賓王等四逸孝逸密取相似者二人斬首凱還乙酉改元垂拱后知人心怨望盛開告密之門羅織無辜中外畏之是冬忽有山出於新豐命改新豐爲慶山縣江陵人俞文俊上書言太后以女處陽位反剛易柔地氣隔塞而山變爲災太后怒流之嶺外去冬壽陽刺史李景納萊陽縣何氏女爲妾名女婿字麗卿讀書辨利景妻妒之遂陰殺死置其屍於厠中魂繞不散景如厠忽聞啼哭聲常隱隱出現且有刀兵呵唱狀太著靈異人爲尸祝之懸箕而降能知禍福太后

廁神
貴人明
韓王
魯王
永昌
魏玄同
周興
裴森
周賢者

聞之、勅爲廁神、神死於元宵故後獨顯於正月今之扛壁姑、罪浮於出 丁亥夏太后貶景

夫婦於北地、戊子太后潛謀革命誣韓魯諸王謀反悉誅

之、使狄仁傑巡撫江南、仁傑奏毀淫祠一千七百餘所、獨

留禹王泰伯季札伍員四祠、己丑改元永昌、同平章事魏玄同素

與裴炎善、時謂耐久朋、周興惡之、誣奏二人欲奉立嗣君、

后令收之、炎弟森初爲虢州司户、有周賢者居深山謂森

曰、公兄爲相甚善、不出三年當身戮族誅、可不懼乎、森涕

泣請救、賢者曰、事猶未萌尚可獲免、以吾言告兄取黃金 寶似驢扃

五十鎰來、吾於弘農山中爲之作醮、禍可移矣、森急還都

謁兄、炎友愛每弟遠來、則同卧談笑彌旬不歸內寢、森夜

終是吝財

中以周語告之炎笑曰此術士取財之說也何信之森泣曰誠非俗幻發言無不切中兄何惜少金不令轉災爲祥炎不聽森惆悵辭歸至敬業舉兵時炎諫太后不合始懼遣人齎金至虢令森求醮森遍尋不得訪至江陵得而告之賢者與還弘農曰往年禍害未成故可祈請今災已搆不久滅門且吾前月至洛見裴令被戮繫首於左足下但與君相知日久不可令與同禍可求百兩金爲一醮請或可脫也森即市金與之入山設壇場奉章請命法事畢仍藏金於山塢謂森曰君一房免矣然速去官移家森即還居襄陽月餘炎下獄極刑兄弟子姪皆從而森槩風疾在

襄陽有司奏請錄之太后曰既染瘋死在旦夕不須問此一房炎斬之夕有犬啣其首去及明守者求得之因繫其首於左足後數日賢者至森家曰將還洞庭故來別耳俱出羅拜而送己丑子月太后享萬象神宮始用周正改元載初庚寅正月召葉法善於四明山請於諸名嶽投奠龍璧法善上言天師張光世有道德可通達嶽靈太后命徵之師光自龔教居常蔬食後能辟穀壽一百四歲化去其幼子梧明字君亦辟穀飛行往來不知所終十四代師慈正明字子光子之長智慧明敏常以易道教人從者雲集每有餘貲即賑貧乏棄妻修道登聖井山結菴獨處歲遇三元日則出傳

二十五代 張高

武承嗣

武三思

武攸緒

看得透撤得開 天授

祖延之

經籙累徵不起乃傳教子高深隱山穴至百餘歲化空中聞樂聲下迎今聖井號徵君山溪號徵君坑使者復命法善遂奉詔投莫畢同都陰護二帝太后新造十二字頒行以日月在空爲照自名曌改詔爲制除唐宗室屬籍改國號周賜皇帝姓武封姪承嗣三思等爲王從姪攸緒封平安王不受少有志行恬淡寡慾初封國公仍賣卜長安市見太后作爲屢進諷諫不聽知終釀禍乃棄官隱嵩山之陽優游巖壑所賜服器皆置不用買田代僕耕種與民無異十一月周改元天授辛卯春仲太后制策貢士於洛陽殿時有一七子實古聖王皇覃氏臨凡於河中永樂縣世德呂家向居東平繼遷京川曾祖延之終

呂渭
呂讓
王夫人
呂紹先 有云唐末宗人師本李姓夫婦雙修因姓呂
劉校尉
劉夫人

浙東廉使祖渭終禮部侍郎父讓爲太子右庶子有溫良恭儉四兄遷海州刺史母王夫人於貞觀丙午年四月十四日巳時就褥林檎樹下異香滿徑天樂浮空一白鴻似鶴自天入懷而生取名紹先其狀鶴頂龜背虎體龍腮翠眉鳳眼修頸露顴左眉角有黑子如筋頭大後變赤色足紋隱如龜拆在襁褓四祖見之曰此兒骨相不凡自是風塵表物他時遇廬則居見鐘則扣呂子怡怡自得天資穎敏周歲即能誦讀知孝悌親戚珍之甫五歲從外傳居燈火三年凡典墳百家無遺年二十父命婚劉校尉女雖結縭而未之近也既長身高八尺二寸淡黃笑臉微麻三髭鬚喜頂華陽巾

服白襴衫繫大皂縧貌類張子房又似太史公狀三舉進士不第天授二年已四十六歲父母命赴試促之至再與童寄兒束裝至長安酒肆見一羽士青巾白袍修髯朗目曳紫筇懸大瓢書三絕於壁

坐臥常携酒一壺。不教雙眼識皇都。乾坤許大無名姓。
踈散人中一丈夫。
得道神仙不易逢。幾時歸去願相從。自言住處連滄海。
別是蓬萊第一峰。
莫厭追歡笑語頻。尋思離亂可傷神。閑來屈指從頭數。
得到清平有幾人。

呂揖而問之羽士曰鍾離其姓雲房其字呂生再拜延坐

雲房曰子可吟一絕遂書之於後

生曰儒家遇太平懸纓重滯布衣輕誰能世上爭名利

臣事玉皇歸上清

雲房暗喜因同憩肆中起與寄兒執炊呂忽困倦枕案假寐始以舉子赴京進士及第自州縣而擢朝署由臺諫給舍翰苑秘閣郎曹從槖清要無不備歷黜而復升前後兩娶富貴家女婚嫁早畢孫甥振振簪笏滿門如此幾四十年最後獨相十年權勢薰炙忽被重罪籍沒家貲流嶺外一身孑然窮苦憔悴立馬風雪中方發浩歎恍然夢覺雲

房在旁炊爨黴吟曰黃粱猶未熟一夢到華胥呂驚曰君知我夢耶雲房曰子適來升沉萬態榮悴多端五十年間一頃耳得不足喜喪何足憂且有此大覺而後可知人世亦夫夢也兩間依幼而住四大撒手皆空

丹客俊俊談點化每以此等事爲口實有堅持以望其功者家傾命殞而不悔哀哉如德祖萬三者終古有幾人耶

天人之理本自合一思邈之論殊爲暢快

楊德祖隋室王孫淮南子漢朝帝子今爲師弟甚是合拍

裴炎之奇禍莫救特以吝財之故死不足惜

攸緒之肥遯不特僞周之奇士可稱唐室之異人

呂祖根器極深亦必待前人曲爲點化方能入道然其勇猛精進絕無疑貳則非常人所能及也觀其悟徹處一種快活景象恍如暗室得燈若能修道者畢竟大家有此一日

一試　二試　三試　四試　五試

○○○十試不折鶴嶺遊　○○○四韻俱成馬當助
呂生感悟拜曰先生非凡人願求度世術雲房詭曰子骨
節未完志行未定。須更數世可也。翩然別去呂不復起。試
與僧東歸。至家父母妻孥皆病歿。停棺在室呂心雖悼怛。
喜無掛牽。但備葬具而已。將貨物鬻於市議定其值市者
翻然半酬其值亦無所爭。委貨而歸。中元日有丐者倚門
求施。即與錢物。復索而嫚罵抽刃相向呂禮謝披襟受刃。
丐笑而去。呂偶牧羊山中。遇一虎逐遍。乃推羊下峻阪獨
以身當之。虎釋去。遂居山中草舍見一女年可十七八。光
艷照人粧飾靚麗自言歸寧迷路借此少憩夜逼同寢呂

六試 七試 八試 九試 十試

竟不爲動。三月始離去。一日出郊暨歸舍中所有、席捲殆盡。並無慍色。無以供朝夕、乃采藥自給。忽於鋤下見金數十餅。速掩之不取。有風狂道士在坊陌市藥、自言服者立死。旬日不售。呂乞藥歸。服之無恙。既棹小舟至中流、風濤掀舞、端坐不恐。歸而獨居室中、見怪狀鬼神無數、有見擊者、有欲殺者、復有夜叉數十、械一囚血肉淋漓、哭曰、汝宿世殺我、急償我命。呂曰、殺人償命、其又奚辭。遽索刀繩欲自盡。忽聞空中叱聲、鬼神皆不見。雲房撫掌而下曰、塵心難滅。仙才難值。吾之求人、甚於人之求吾也。吾十度試子、皆不能折。得道必矣。但功行未完、授子黃白秘方、可以濟世利物使三千功滿八百行圓方來度子呂曰所作庚辛有變異乎曰三千年後還本質耳呂慨然曰誤三千年後人不顧為也雲房笑曰子推心於此三千八百悉在是矣因與之叙棄世得道來歷且言受苦竹眞君記曰此後遇有兩口者即汝弟子令詳看雖實符苦竹之記矣予居終南鶴嶺能從遊乎呂即隨往星月交輝四顧寂寥雲房執手偕行數步恍如騎馬歷山川至洞南門下鑰矣以碧絲繫呂生帶俱從門隙中入豁然明朗登一高峰至一大洞門額曰正陽有三虎踞守雲房叱之虎伏不動引入金樓玉臺珍禽異樹氣候如春相與坐盤陀石飲元和酒三盃

何不叩門入而乃爲此

天池會

嵓洞賓雲房曰君眞余山中友也爲改名曰嵓字洞賓俄有一青衣雙髻金鈴朱裳翠袖持璽紱金書曰羣仙巳集蓬萊上宮邀先生赴天池會論五元眞君翀遊記事雲房將去洞賓慮不復返賦詩送曰

道德宗高相見難又聞東去幸仙壇杖頭春色一壺酒頂上雲攢五岳冠飲海龜兒人不識燒山符子鬼難看先生去後身俱老乞與貧儒換骨丹

雲房曰汝但駐此不久遂還乘紫雲冉冉而逝洞賓將所付素書數卷披閱誦玩獨處洞中旬日雲房還曰子在是岑寂得無憶歸否洞賓曰俗骨巳淮敢動家山思乎雲房

崔汪

曰善哉始授延命之術未得金液還丹今以傳子夫道有分合陰陽之妙守陰則只是魄存陽則只是魂若能聚魂合魄使陰陽相會是謂真人洞賓更問何以全形雲房曰慧發冥冥泰定神靈神既混合豈不葬真金形五質本出精誠大丹既成身乃飛輕洞賓問天地日月四時五行龍虎鉛汞抽添河車等事雲房悉傳以上真玄訣通會陰陽制鍊形神入妙之道洞賓未達奧旨雲房又授以入藥鏡一集曰得此採取火候皆明矣洞賓問何上真所作雲房曰崔汪手著仙秩已高為玄元真人也洞賓讀而贊之曰因看崔公入藥鏡令人心地轉分明雲房曰予初於終南

石壁間得靈寶經三部上曰元始金誥中曰元皇玉籙下曰太上眞元義凡數千卷予撮其要爲靈寶畢法爲三乘六義十六科蓋明陰中有陽陽中有陰天地升降氣水交合之機而其要在泥丸姑借咽氣漱液爲鑰而眞炁口訣實在口口相傳不在文字間也因贈一章曰

知君幸有英靈骨所以教君心恍惚含元殿上水晶宮分明指出神仙窟大丈夫遇眞訣須要執持心猛烈五行匹配自刀圭執取龜蛇顚倒訣三尸神須打徹進退天機明六甲知此三要萬神歸來駕火龍離九關九九道至成眞日三界四府朝元節氣翱翔神烜赫達奕便

其中大有道理

是吾家宅。

洞賓塵蠲盡豁。進問三元三清三寶三境之說。雲房曰。第一混洞太無元。從此化生天寶君。治玉清境清微天宮。其氣始青。第二赤混太無元。從此化生靈寶君。治上清境禹餘天宮。其氣玄黃。第三冥寂玄通元。從此化生神寶君。治太清境大赤天宮。其氣玄白。故九天生神氣經云。三號雖殊。本同一也。三君各為教主。乃三洞之尊師也。論未已。有扣戶聲。啟視見二人。體凝金碧相揖共坐乃清溪鄭思遠太華施胡浮鄭曰適遇爲眞人尹思丹成來賀幷復遊訪施曰侍者何也雲房曰呂海州之子少習儒墨遊近長安酒肆從我奉道乃令前拜鄭施曰形清精藏子欲脫塵網可示一二詩洞賓即獻詩曰

萬劫千生到此生　此生身始覺非輕　拋家別國雲山外　煉魄全魂日月精　比見至人論九鼎　欲窮大藥訪三清　如今獲遇眞仙面　紫府仙扉得姓名

二仙各以所秘相贈而別時春禽嚶嚶雲房題於洞口曰

春氣塞空花露滴　朝陽指海岳雲歸

復曰吾朝元有期十洲羽客至玉京奏啟功行以陞仙階

恐汝不能久居此洞。後十年洞庭湖相見。草書於石壁曰、晝日高明。夜月圓清。陰陽魂魄。混合上昇。俄有二仙、綃衣霞袂。捧金簡寶符。云上帝詔鍾離權爲九天金闕選仙使。拜命訖。謂洞賓曰。住世修功。他日亦當似我。洞賓曰。嵒志異於先生。必度盡衆生。方昇上界。時翔鸞舞鳳。玉節金幢。仙吹嘹亮。雲房乘雲而去。洞賓招騶虞乘坐。回鄉省墓。偶步南郊蒲陰村。見一人坐柳樹下。性極通靈。問其從來。即行童寄兒。爲主家零落無依。縊死郭外柳下。一靈耿耿。常出現形。洞賓曲爲點化。付成丹服之。易其魄相。令守爐執炊。呼曰郭上竈。同至祖塋。拜告曰。使嵒度

法明

遍世間九族同昇上境。適遇孫思邈來訪。相與南遊澧水之上。登廬山鐘樓遠眺有感。洞賓書於壁曰。一日清閒一日仙。六神和合報平安。丹田有寶休尋道。對境無心莫問禪。祝融君遇見。知是仙宗。即傳以天道劍法。曰。余火龍眞君也。昔持此劍斬邪魔。今贈君家斷煩惱。洞賓謝別二眞。縱遊彭澤。見狄仁傑有善願。且有仙緣。說以入道。仁傑曰。計爲柱石。安念蓬壺。洞賓知其心志。乃與上竄隱顯度世。是秋。召仁傑同平章事。僧法明等撰大雲經上之。言太后乃彌勒佛下生。當代唐爲閻浮提主。尋敕諸州建寺藏之。乾

封閻右司諫宇文鈞以直言遠貶至是太后念之召爲學
士王勃字子安文中之孫六歲能文年十三與母舅遊江湖舟經
馬當山九江第一險頃起風濤將覆勃端坐朗吟舟人怪之曰
我命在天豈在龍神須臾浪息泊舟閑步勃見檜陰中有
古廟紅區金書中源水府行宮作一律歎美有老叟皤鬚
王貌坐石上勃整衣前揖叟握手邀坐曰來日重陽洪都
閻伯嶼府君開宴滕王閣賦詩記勝子曠古清才盍往作
序可獲厚貲且得垂名後世勃問路程叟云七百餘里勃
曰一夕焉能至乎叟曰當助清風一帆使子早達勃再拜
曰老丈仙耶神耶叟曰中源水君也勃曰若得滋筆之金

回長蘆君

図神鴉

白沛王

安敢自私遂別而登舟當晚即命張帆但聞水勢淙淙天明已至豫章進謁閻公當時名宿畢集閣中公命諸賓爲序相遜至勃任而不辭公慍而入遣吏馳報及半公曰此子眞天才也更衣出謝次日贈值千金勃回馬當買牲醴陳金帛稱謝老人至曰觀子留題有伴我清幽之句但凡限未終數年後圖會於海島吾昔負長蘆神薄債子過可代償陰帛言畢化風去勃至長蘆有羣鴉遶舡勃備金錢到祠焚祝鴉乃散去麟德初對策授朝散郎沛王召署府修撰父遠任南海勃欲往省值宇文鈞左遷願同泛海忽風怒浪掀舟人大怖水面仙樂悠揚雲中幢幡搖曳一仙

周△如意△長壽△

三何泰

⁂何仙姑

娥執碧符呼曰、馬當水君在蓬萊翠華高貴上山吳娘娘
前舉子安才華貫古請作方丈記、勅曰中源君有約於昔
今其時矣、撩衣起就、鈞以人神異途、止之、勅曰此夙願也、
迳至船頭、雲擁而逝、時年二十九、及鈞回都、傳爲水化云、壬辰千月、
改元如意△尋改長壽△癸巳、以婁師德同平章事、時廣州增城縣何泰
之女靈通神異、太后厚幣聘請何女生而紫雲繞室頂有
六毫年十三隨女伴入山採茶、失侶迷徑見東山峯下、一
道士修髯紺目、冠高冠、衣輕綃、何女亟拜之、道士出一桃
曰、食此、他日當飛昇、仙姑食之、道士指歸路曰後可常會
於此、歸已逾月、自是不飢不渴、洞知人事休咎、復夢神人

周△延載△
周△天冊△萬歲
周△萬歲△通天
周△神功△
周△聖曆△
周△久視△
周△大足△長安△
中宗

敎餌雲母粉遂誓不嫁○徃來山谷輕身飛行每朝出暮持山蕨歸遺其母至是應召赴闕、中路復失去○甲午冬、周改元延載△乙未冬、改天冊萬歲△遣使徃嵩陽五○請仸緒不出○丙申冬十一月、改萬歲通天△丁酉秋師德奏仁傑元忠之直即召還擢用、冬至、改元神功△時承嗣三思皆營求爲太子、太后言於朝曰、昨夢鸚鵡折兩翼、仁傑曰武、陛下之姓、起盧陵豫王○兩翼振兵○戊戌春、召哲還、旦爲相王、冬、改元○聖曆△已亥秋、師德薨、冬、改元久視△庚子歲、仁傑卒、遺表請建寅、從之、辛丑春、改元大足△又改長安△甲辰張○柬之同平章事、時年八十、太后寢疾、乙巳春、柬之等舉兵討武氏○斬二○張徙太后上陽宮○中宗反正○改元神龍△復號○唐太后尊號則天大聖皇帝瀛博野人鼎師者有奇行太平公主言於則天試之以銀甕盛酒三斗一吸而盡又曰臣能食醬即以銀甕盛醬一斗鼎以匙須臾抄盡則天欲與之官鼎曰情願出家即與剃髮至是曰如來螺髻菩薩寶首若能修道何必剃除遂長髮未幾謂人曰吾將會韓道友於益州遂去成都先有老父携一壺賣藥得錢則轉濟貧乏自不食時飲淨水如此經歲百姓賴之有疾得藥者無不愈或遊江岸凝睇永日又登高引領不語終朝遇有識者必告曰夫人一身如國心即帝王也傍列臟腑即內輔也外張九竅即外臣也故心有病何異君亂於上臣下不可正之也凡欲身

一薛季昶　劉幽求　三鄭普思

之無病必先正其心不使亂求迷惑則內輔外竅無由受病矣況藥亦有君臣佐使攻其病者君先臣次後佐使自然合宜小不當其用必自亂矣此象國家用人也老夫用藥常以此為念每遇人一身君不君臣不臣使九竅悉納其邪致良醫自逃名藥不效悲夫士君子記之一日獨請錦川淨浴探囊中選一丸藥自吞謂衆曰老夫罪已滿今歸島上矣俄化一白鶴飛起東北來一玄鶴相與旋舞於空良久南去蓋韓康諦世立功則天遣洛州長史薛季昶建玄白二鶴觀於益州季昶嘗與朝邑尉劉幽求謂柬之曰三思猶在公輩終無葬地至是果以三思為司空制以安車徵

西京壽安縣墨石山神頗靈祠前有兩尾子過客投之仰爲吉覆爲凶即人筊卜也帝嘗遣卜休祭

六祖慧能

無盡藏

攸緒入朝、除太子賓客、固請還山、帝不能强、墨敕鄭普思爲秘書監、葉靜能爲國子祭酒、皆以方術爲上所信、時葉法善在京、頻察祅祥、○三思忌之、竄於南海、廣州人庶夙仰其名、北向候之、法善乘白鹿自海上而至、止龍興觀、歲餘入洪州西山、○三思與韋后通、譖柬之等五人專權、封爲王、○尋貶殺之、召魏元忠爲中書令、上言六祖慧能道行堅固、帝遣迎之、能盧姓、其先范陽人、△容居嶺南、○家貧樵採自給、負薪入市、聞客誦金剛經、悚然感悟、○矢志尋師、至韶州、遇△女尼無盡藏誦湼槃經、△能暫聽之、即爲解說、尼執卷問字、能曰、字則不識、○義則請問、○尼曰、字尚不識、安能會義、能曰、

智遠

神秀

諸佛妙理非關文字尼大異之遍告居人競來瞻禮能曰我去尋師得法回來爲汝等說之咸亨中至昌樂西山石室遇智遠禪師指示入蘄州黃梅山寺叅謁五祖祖問曰汝自何來欲求何事能曰嶺南人求作佛師曰嶺南人若爲得佛能曰人有南北佛性無二師默識利器令入槽廠能入碓坊服勞八月晝夜不息師知付授時至令徒衆各爲無相頌上座神秀者衆所宗仰乃於廊壁書云

身似菩提樹心如明鏡臺時時勤拂拭勿使染塵埃

師歎曰依此修行亦得勝果（子桑可也簡 季路已升堂）

慧能字亦不識惟以了悟得傳大法稱爲六祖故知高僧不必識字

池州太守問百會中五百餘不付衣鉢獨付惠能何也五祖曰四百九十九人皆被曉佛教通達經典講

○○大梵寺慧能說法　○○○靈虛殿柳毅傳書

慧能聞之曰美則美矣了則未了同學咸笑之至夜能秉燭託一童亦書一偈於壁云

菩提本無樹明鏡亦非臺本來無一物何處惹塵埃

師見偈密入碓坊以杖擊碓三下曳杖而去能至夜半潛入師室師以無上正法授之爲說偈曰

有情來下種因地果還生無情既無種無性亦無生

能跪受師密傳衣鉢令隱於懷竊曰汝緣在南宜往教授持此袈裟以爲法信命速去中途徒衆持刀杖急追能以鉢覆石上衆爭取不動揮石亂磕不損良久散去能潛取

論說法於外、心則不能悟道、惟惠能能悟道也、

印宗

韋璩

薛簡

奔至懷州、上愛嶺最高峰、石室中棲遲今傳寫六祖巖、後四年、大
師入馮茂山結菴、未幾滅度、諸弟子求衣不得、始相謂曰、
非盧行者所得耶、能至儀鳳元年過南海、遇印宗禪師講
經於法性寺、師止廊廡、聽之、入夜風颺刹旛、二僧對論、一
云風動、一云旛動、往復酬答、未曾契理、能不覺言曰、風旛
非動、動自心耳、印宗悚然異之、邀入室、執弟子禮、乃告四
衆曰、印宗具足凡夫、今遇肉身菩薩、因請所傳信衣、悉令
衆僧瞻拜、明年韶州刺史韋璩請於大梵寺、轉妙法輪、門
人記錄、目爲壇經、絲返曹溪、雨大法雨、學者不下千數、其傳
法衣處、在曹溪寶林寺、至是帝遣內侍薛簡馳詔迎請、師上表辭謝

重俊

伽藍

即爲簡說諸法簡亦得悟、歸奏師語、加賜摩納袈裟絹鉢等物、時神秀亦稱六祖、世稱南能北秀、秀乃尉氏縣秀才、乾封間、三上萬言策皆不中選、爲含飄武氏也、遂削髮出家拜弘忍大師、學大小乘法、儀鳳末年去黃梅、雲遊至當陽玉泉山、一大蟒出奔、秀端坐不動、次日怪樹下得金一藏、就於此創建道場、鄉人敬祀關公、秀乃毀其祠、忽陰雲四合、見公提刀躍馬、秀仰問、公具言前事、即破土建寺、令爲本寺伽藍、自此各寺流傳、秀說法度世、歸者雲集、乙巳冬十月、師曰、老魔孽障已盡、小魔接踵復興、吾將脫居濁世矣、遂跏趺而逝、十一月皇太后崩、十一年、丙午、帝立重俊爲太子、韋后惡

景龍　李武報復　僧伽大師　普照王佛　佛圖澄法緣相同

非已出三思父子請廢之丁未爲景龍元年太子矯制發
羽林軍殺三思等帝諭羽林反攻太子爲衆所殺帝甚悔
恨廣延僧衆作法事懺悔西域僧伽大師俗姓何神龍間
來遊北土隸名於楚州龍興寺後於泗州臨淮縣乞地施
標將建伽藍於標下掘得古香積寺銘記并金像一軀有
普照王佛字至是戊申帝迎師入內道場尊爲國師尋出
居薦福寺萬廻自則天時召入亦在寺見大師禮謁甚恭
師拍其首曰小子何故久留可以行矣萬廻默首大師獨
處一室頂有一穴恒以絮塞之夜則去絮香從頂穴出烟
氣滿室非常芬馥及曉香還入穴人取師濯足水飲之痼

柳毅　龍女　涇川君

疾皆愈帝語師曰京畿無雨願慈悲師以瓶水泛灑〔楊枝甘露〕俄頃甘雨駭降詔賜寺額曰臨淮寺師請以普照王為名帝以天后廟諱乃改普光王寺仍御書額以賜焉是冬復遣使召佽緒於嵩山勅禮官於兩儀殿設位行問道之禮令以山服見不名不拜佽緒至趨立班中再拜而退屢加寵錫皆不受覲貴謁候寒温外不交一言未幾辭歸山常服赤箭茯苓晚年目光晝見星月巳酉春帝幸梨園觀拔河戲命侍臣採訪艷異以聞岳陽柳毅者家君山下第歸至涇陽見一婦牧羊泣告曰妾洞庭君小女嫁涇川君次子為婢所惑毀黜至此敢煩寄尺牘歸毅義形於色奮然請往

婦曰洞庭之陰有大橘樹擊之三當有應者婦與羊俱發雷聲不見毅往如其言有武士揭水而出引至靈虛殿以

洞庭君

書上洞庭君曰老夫使弱女罹害君之高義誓當圖報因宴毅於碧雲宮頃之有赤龍飛去俄見赭拿璧瓏紅粧千

錢塘君

萬擁靚艷一人回乃寄書女也赤龍乃其叔錢塘君○相見就坐謂毅曰涇陽娶婦欲託為姻眷可乎毅謝不敢當錢塘曰終當成之毅辭去後娶吳會盧氏龍女也同歸洞庭

金龍大王

遂為水仙帝降勅為金龍大王凡涉江湖者必詣廟祭焉○

張路斯

頹上縣百社村張路斯年十六中明經第為宣城令以才能稱夫人石

石夫人

氏生九子龍佳歸釣於焦氏臺陰見水中有宮殿躍入居

□九子
⊗鄭祥遠
(二)號預定

之夜出且歸夫人怪問公曰我龍也蓼城鄭祥遠亦龍也與吾爭此居明日當戰使九子助我領有絳綃者我也青綃者鄭也次日九子以矢射中青綃鄭遂投合淝之西山以死今有龍穴子皆化為龍居永州九龍巖有樵者入山遇黃衣九人曰吾九龍居此久矣有司奏其事令立廟於焦臺祀之庚戌夏帝感葉法善向日之意遣使召還時法善卷神於洪州前三月九日括蒼山三神人又降傳太上命曰汝當輔我睿宗及開元聖帝未可隱迹以曠委任至是果徵入京薦福寺僧伽亦於前三月十二日坐脫帝命於本寺漆身供奉俄而大風欻起臭氣遍滿長安帝駭異侍臣

張易之
與昌宗爲二張
韋庶人
安樂公主
殤帝重茂

曰大師化緣臨淮恐是欲歸彼處故示此耳帝默然心許其臭頓息頃刻奇香郁烈於五月送往起塔供養萬迴頗著靈異初張易之大起第宅迴指曰將作及伏誅以其宅爲將作監始悟其言太平公主起宅於已宅之右以居之帝因問僧伽何人也迴曰觀音化身也嘗謂韋庶人曰三郎斫汝頭庶人以帝第三恐之安樂公主亦欲后臨朝戛六月合謀進毒帝遂崩在位二十七年立溫王重茂中宗子爲殤帝韋后攝政深忌相王且欲害之賴法善從中保護謀不及發萬迴知有菉君護駕遂示疾大呼遣求本鄉河水徒侶不知所覔師曰堂前是衆於堦下掘井水忽湧出飲竟而終此坊

睿宗旦

景雲

上薛訥

十郭元振

張說

宣參

井水猶存。相王第三子隆基陰聚才勇與劉幽求飛騎斬韋后等迎相王即位。為睿宗。改元景雲立隆基為太子。是冬以薛訥為幽州經略節度大使。仁貴子。節度之始。郭元振張說同平章事。元振微時。除豕妖於古塚。人識其有膽。張說毋夢玉燕投懷之瑞。帝因踐祚之次。卿雲滿天。詔求有道之士。洞賓初遊江淮。試靈劍斬長蛟至洞庭湖。登岳陽樓。獨酌雲房。忽降曰。來踐前約。上帝命汝眷屬悉居荆山洞府。子之名字已注玉清籍中。三月十八日。引拜苦竹眞君傳日月交并之法。年五十三。歸宗廬山因憶往事作詩曰。

昔年曾遇火龍君。一劍相傳伴此身。天地山河從結沫

卦爻盡而上於天復爲乾象故曰純陽

司馬承禎

王軌

雙襲祖

潘師方

潘師遠

師正曰陶

白雲爲業

星辰日月任停輪須知本性綿多刧空向人間歷萬春

昨夜鍾離傳一語六天宮殿欲成塵

年六十四上朝元始玉皇賜號純陽子始遇零陵何氏女

傳以修養復與金丹服之引見鍾祖携入蓬萊拜木公金

母金母帶同閬苑令掃蟠桃落葉因往來西東彤霞繚繞

時帝雅尚道教因雲瑞詔訪遺隱法善上言司馬承禎有

道細陳其尊師潘師正字子眞貝州宗城人初興臨沂王軌吳江雙

襲祖同事王法主軌範字洪聽西昇經慕上清眞法凡有疑

義遠知悉爲解釋道成東歸從遊者日衆要法秘訣各有

所付於神龍間化去襲祖字仲潛心道德以求度世法主

今有百年
曮自求替
王帝命舉
所知以代
力舉余文
籍已定数
日尸解登
封嵩陽觀
酉龍湫居
人張辿以
濯陰器於
湫上為人攜
行数里至一
中第前悉是
拜龍入門見
法正當廳坐
操未華理髩
尚何污龍室
從載拜謝罪
問汝識司馬

喜其誠素授以至道始居南嶽後遷九疑既而遺帔輕舉
潘尊師繼為觀主耽於恬淡不事有為師方師遠從兄學
道嵩山尊師復居茅山太平觀唯誦道德經靜鍊既久道
業已成與二弟登瀨水之山化三鶴冲天因名三鶴山承禎字子
微洛川人博學攻篆迴為一體號金剪刀書常以三體寫道德
經刊正文句事師正傳辟穀道引術無不通師正異之曰
我得陶隱居正一法逮而四世矣因辭去徧遊名山廬天
台山玉霞峰構層軒於壇上自號白雲子則天累徵不出
宜敦請之帝遣使禮聘至京百官郊迎入殿帝問陰陽術
數之事承禎對曰老子經云為道日損損之又損至於無

道至否曰識之汝正持几上白羽扇曰為我寄謝何戀世間樂耶令送出山見尸臥岸五蕊之奄然夢醒承禎見扇悲涕曰吾師素執以置棺中今持來明示現在也

徐彥伯

盧藏用

太極

為且心目所見知每損之尚未能已豈復攻乎異端而增智慮哉帝曰理身無為則高矣理國無為如之何對曰國猶身也老子曰留心於淡合氣於漠順物自然乃無私焉而天下理易曰聖人者與天地合其德是知天不言而信無為而成無無為之旨理國之要帝歎曰廣成之言無以過也欲加寵位固辭未幾請歸乃賜寶琴花帔以遣之公卿多賦詩以送常侍徐彥伯撮其美者三十餘篇為製序名白雲記盧藏用早隱終南則天召為左拾遺見承禎將還指終南謂之曰此中大有佳處何必天台承禎徐對曰以愚觀之乃仕宦之捷徑耳藏用有慚色壬子春改元太極

玄宗 隆基　王后　先天　開元　高珪

帝傳位於太子是為玄宗尊帝為太上皇改元先天立妃王氏為后明年癸丑改元開元以高力士為左監門將軍力士名珪馮盎曾孫素有信心聞慧能於曹溪說法利生經四十餘載在家出家得其法者甚衆乃遣小內監齎信香前往問法六祖預三日謂門人曰寺人將來擾我吾欲返新州速理舟楫大衆哀請少住師曰

諸佛出世猶示涅槃有來必去理之自然

言訖往新州國恩寺沐浴跏趺而化異香襲人白虹屬地及中使至師已逝力士又聞則天嘗慕何仙姑有不死術徵至道回乃使人往廣州探視將自躬請使回云已於景

李筌 吐蕃 劉仁愿 陳道沖

龍未入山去矣力士嗟歎無緣潯陽道士陳道沖母夢天仙入室而生戒行峻濬酷嗜老莊悟明心地在世遊行聞力士有好善名往見不值時已奉詔北邊道沖歎曰無福聆道德也遂遍遊五嶽回至虎溪解化朔方總管劉仁愿請築三受降城絕突厥路故帝命高珪巡稽軍政吐蕃患之遣使進寶函封曰請天子自開無令他人知秘密也法善曰此是凶函宜令蕃使開帝然之函中弩發中蕃使死封法善銀青光祿大夫鴻臚卿越國公尊為天師景龍觀主凡吉凶動靜必預奏聞帝恐武偹懈弛廣求勇略之士衛公靖之子李筌張氏所出號達觀子平生虔事北斗常歷名

勝傳訪方術至嵩山虎口巖得黃帝陰符本經素書緘之甚密題云大魏太平眞君二年七月七日道士寇謙之藏諸名山用傳同好其本糜爛筌抄讀數千徧竟不曉其義理因入秦至驪山下逢一老母髽髻當頂餘髮半垂弊衣扶杖見路旁遺火燒樹自言曰火生於木禍發必尅筌聞之驚問曰此陰符秘文母知之乎母曰受此符已六周甲子矣三元爲一周共計一千八十年少年何自而知筌再拜具告母曰觀骨貫於生門命輪齊於月角血脉未減心影不偏性賢而好法神勇而樂智眞吾弟子也然四十五歲當有大厄因出丹書一通貫於杖端令筌跪呑之曰天

昔日因緣

也相保命坐爲說義曰陰符凡三百言上有神仙抱一之道中演富國安民之法下演强兵戰勝之術皆内出心機外合人事觀其精微黃庭八景不足以爲玄察其至要經傳子史不足以爲文任其巧智孫吳韓白不足以爲奇非有道之士不可使聞之故至人用之得其道君子用之得其術常人用之得其殃識分不同也如傳同好必清齋而授之有本者爲師無本者爲弟子不得以富貴爲重貧賤爲輕違者奪紀本命日誦七遍益心機加年壽每年七月七日寫一本藏名山石巖中得加壽算時日已晡謂筌曰有麥飯相與爲食袖出一瓢令於谷中取水既滿瓢忽重

武惠妃

虛耗鬼

百餘斤力不能制而沉於泉却至樹下失毋所在石上留麥飯數升筌食之自此絕粒求索經義注陰符二十四機著太白陰經述中台志閫外春秋閫帝求武畧乃以其書上獻帝覽之悅常與究論更欲諸將皆通曉於冬十月駕幸新豐制於驪山下講武徵兵二十萬以軍容不整流兵部郭元振於新州拜筌爲江陵節度副使御史中丞帝還宮疾作晝夢一小鬼絳衣犢鼻跣一足盗武惠妃繡香囊及帝玉笛繞殿奔戲帝叱問之鬼曰臣乃虛耗也於空虛中盗人物耗人家喜事帝怒欲呼武士忽一大鬼胡鬚黑面破帽藍袍捙笏執劍先割小鬼目後擘其肢而啖之帝

田 鍾馗

回 吳道子

回 姚崇

回 張九齡

支昌化世

問何神、奏曰、臣終南舉子鍾馗、應試不捷、羞歸故里、觸殿階死、奉旨賜進士、蒙以綠袍殮葬、歲時祭祀、願與皇除天下虛耗妖孽、言訖舞而去、帝覺病遂瘳、詔神畫手吳道子圖其像、懸後宰門、後世做以祓邪、召姚崇為兵部尚書、未幾為紫微令、左拾遺張九齡勸崇奏記遠諂躁進純厚

柳毅於龍女、定有仙緣、不然牧羊之婦、何他人不遇、而毅獨遇之乎、龍潛海底、雷藏澤中、水中之火也、大地鬱抑不舒、則發而為雷、龍為陽物、羊即龍之囷者、或以其為雷神亦可、學陰陽術數、方士之所當為、而睿宗雖為萬機之暇、何復以此為問、誠失言矣、承禎應對無為至理、身國皆是也、其高致世莫能比、筌於陰符經、固有夙願、故諫之藏書、恰為所得、老姥特來成就之耳、

〇〇景龍觀劍擊麪生　〇〇玉清堂樂傳仙子

時貴戚爭營寺度僧富户强丁削髮避役崇上言佛圖澄不能救趙鳩摩羅不能存秦齊襄梁武未免禍殃何用安度姦人以壞王法帝從之沙汰萬二千餘人洛陽令楊瑒鯁直多才幹徵爲户部侍郎瑒初出行見槐陰有卜者端坐自若從者呵之不動瑒令拘至廳事躬問卜者舉首曰君是兩日縣令何以責人瑒愕問之曰予陳山人也向在江南君眉間死氣已見應在兩日內耳瑒舉家驚惶拜求解救之術山人引瑒入東院亭中令被髮跣足面墻而立已則據案書符中夕後喜謂瑒曰今夕且幸免明日可以

楊瑒

陳山人

郭璞從訓

楊錫

其吏弁法與陽世同

三十張紙作錢及多造餅餤壺酒出定罪門外桑林間俟人過者即飲之皂裘右袒即召君之使也若留而飲餤君其無憂不然實難以濟瑒如其言洎日西影歛餤將敗而皂裘者不至瑒深憂須㬰果至使人邀屈欣然進食瑒乃拜謁皂裘曰君昨何之歎至所居不得見疑有善神監護但地府相招未已奈何瑒再拜懇求兼燒紙錢資其行用鬼使云感施大惠明日當與諸吏同來謀之明晨瑒盛設饌相待至晚使者與其徒數十人至則宴樂相語曰楊長官事焉得不盡心耶久之謂瑒曰君對坊楊錫亦有才幹今揩玉作金以取彼君至五更鼓聲動宜於錫門相候若

三盧懷慎

三王弁

三王焰

僕僕先生 次仲玩世

三呉明珪

開哭聲則君免矣瑒往果見鬼使在樹頭欲往錫舍爲狗所咋畏狗未能即前俄從缺墻中入遥聞哭聲瑒既獲免因拜謝山人山人曰此地府選才吏耳故可計脫君祿限方蔵且有仙緣乃敢一泄冥事矣幾擢入部署乙卯盧懷慎姚崇同爲相仙堂觀主王弁爲兼諫議常入紫微省聽議政事退謂人曰姚爲救時宰相盧乃伴食相公也風俗志齊魯多以姚爲救時大使之神凡遇凶災必禱祈之以盧配享前無棣縣令王焰解職寓光州有先生自云姓僕名僕居安樂縣黄土山幾三十餘年精餌杏丹衣服飲食如常人賣藥爲業時過焰相問焰命男弁爲主善待之因受其杏丹術時弁舅呉明珪爲光州

三李休先

整萬頃瑣
如此

別駕弁在珪舍先生乘雲而過人吏數萬覩之弁仰告曰先生奈何捨某而去先生不答或以告刺史李休先召明珪詰曰子之甥乃與妖者友子當執之明珪與弁至舍而先生至具以狀白先生曰予道者不欲與官人遇弁曰彼致禮便當化之如安動失節當威之使伏於道不亦可乎先生曰善詰之休先踞見且詬曰若仙當遂徃矣去而復來妖也先生曰麻姑蔡經王方平孔申三茅之屬問道於予余說之未竟故暫止耳休先叱左右執之龍虎現於則先生駕玄雲離地丈餘斯須雷霆大至碎庭槐十餘株府舍皆震壞觀者奔潰休先走失頭巾引妻子跣足出府因

二嚴正誨

㊃宋璟

○○元珪

○安國

以狀聞帝召法善問之曰此雷祖之弟詔改樂安爲仙居縣就所舍置仙堂觀以黃土村爲仙堂村縣尉嚴正誨董其事度王弁爲觀主號通眞先生丙辰上皇崩葬於橋陵姚崇請避位薦宋璟自代時雖沙汰僧衆而諸山宿望仍焚修不輟元珪禪師李姓幼出家習毘尼無懈後謁安國禪師即以眞宗頓悟玄旨遂卜廬嵩嶽之龐塢一日有異人峩冠袴褶而至從衛甚多師問仁者何來答曰師寧識我耶師曰吾觀佛如衆生等豈生分別曰吾嶽神也能生死人師安能以一目視之師曰吾本不生汝焉能死視身與空等視吾與汝等汝能壞空與汝乎神笑曰師固得矣

其更有進若使虛空粉碎師與其當何究竟師曰立地成佛○神曰眞是如來弟子今欲効少力師果何欲師曰吾無所欲○神曰隨見指示可也師曰北岫多樹可移植東嶺曰敬聞命○入夜風雷山嶽搖動旦則松栝盡移矣師戒衆無令外人知○一日忽曰將歸天竺繳旨示寂滅若委蛻焉帝尚幽玄許州縣以異事聞蒲州刺史陸象先獨無所奏國初有女道士黃靈微（一作令微華姑）年八十餘貌如嬰孺（時號黃花姑）道行高潔○跡履行奔馬莫及往來江浙湘嶺間名山洞室無不經涉或宿林野即有神人衛之○遠近敬奉聞南嶽魏夫人壇靖在臨川郡臨女水西訪求不得則天長壽二年

物類知恩
人不能及

胡惠超

冬十月詣洪州西山謁道士胡惠超問之超字拔俗劉之徒法能
通神明即指示其處姑訪視壇迹宛然於其下得天尊像
及油甕燈盞之類葺而興之復夢夫人指九曲池於壇南
訪之磚砌尚存景雲中睿宗使道士將繡花旛來修法事
於壇西建洞靈觀度女道士七人住持及帝亦常醮祭祈
禱近有井山荒梗無人聞空中傳語令其崇修姑遂往求
果遇壇殿遺址因立屋宇聞步虛仙梵音環壇數里樵採
者如不精潔必有怪異之驚有野象中箭來投仙姑姑爲
拔之其後每齋前啣蓮藕以獻姑至是謂徒衆曰吾仙程
所促不可久住身化之後勿蓋棺只以絳紗幕覆棺上遂

無疾而終肌膚温軟香氣滿室弟子依命忽聞雷震聲紗
上有孔如雞子棺中唯衾覆一木簡有司上達覆視果如
所奏帝命逸士蔡偉編入後仙傳顏眞卿撰仙壇碑載其事帝初夢仙
子十餘輩御慶雲下列於庭各執樂器奏之其度曲清遠
眞仙府之音樂闋一仙前曰此神仙紫雲曲願授陛下爲
唐聖正始音帝乞授之及寤餘響猶聞遽吹玉笛習之盡
得其節奏秘而不泄迨曉聽政於紫宸殿適姚崇奏事俛
若不聞崇又奏帝起崇懼趨出高力士奏曰宰臣奏軍國
大政而陛下卒不顧何也帝笑曰昨夢仙授之曲失其節
默而習之故不及聽力士至中書言之崇始解其曲傳於

麯生

樂府自是常召葉法善於內殿試其術贈詩曰

清溪道士人不識上天下天鶴一隻洞門深鎖白雲間

滴露研硃點周易

張說因致敬於師嘗詣謁命酒說曰無他客乎師曰有麯處士性謹而訥頗躭於酒鐘石可也召至形不及二尺而腰帶數圍禮亦齊樸飲則杯盂皆盡神色不動說將去師奮劍叱麯生曰會無高談廣論唯酒於酒因斬之乃巨榼也方士嘗乘間拜問還丹之道法善笑曰爾無飛靈通天青龍劍奈何然非凡金所鑄當求之玄關也力士曰諾願訪諸知者聞侍郎楊瑒知道妙託以廣覓寶劍疑寺人未幾帝黜

瑒為華州刺史瑒即棄官訪陳山人去甲子秋廢王皇后張說首議封禪禮羣臣請行之乙丑秋下制東封法善承禎皆從冬至泰山庚寅日祀天帝於上羣臣祀五帝百神於下壇餘倣乾封故事帝問承禎五嶽何神對曰嶽者山之巨能出雲雨潛儲神仙國之望者為之然山林之神亦有仙官主之於是制五嶽頂置仙官廟則天時尊東嶽為天齊君今加封天齊王承禎寓紫虛觀子夜有汪火師劉水師二道者潛謁求聞大道承禎運慧目知其從來即授以黃老眞學汪劉拜謝雲遊歷世越三日承禎隨駕還長安是年大有丙寅上元節帝集樂工奏紫雲曲於端門宮

韋弁

吏軍民環聽奏一闋一人朗聲曰此正始音也但有遺漏處當補有司拘至御前乃汝州韋弁（字景照）聰敏善記舉進士下第遊於蜀春暮與友尋花訪異有謁者曰郡南十里許有鄭氏園亭勝概出塵願偕遊焉弁遂行果得鄭園端室巍然四峙山門花闢曲徑烟矗眞塵外景也俄而延升巨亭迴廊環搆飾以珠玉見仙子十數華裾靚粧中一人語弁曰花卉芳妍聊奉一醉命坐張樂飲酒曰此蓋玉清仙府有新曲名紫雲已獻於天子為中原正始之音後或闕亡子其正之命左右奏其曲又曰子至此亦道分使然願以三寶爲贈售之富可畢世席罷命侍者出碧瑤杯光

胡商
員半千
員俶
名俶

瑩洞徹、紅靺枕似玉而栗、紫玉函似布而玉光、弁拜受而別行十餘步回顧、但見荒榛滿目、乃攜寶入長安、久無售者、至是聞樂見帝命其較禘授太常樂正弁出三寶獻上帝以示法善諦視曰、名山鎮寶、當授知北人弁命不合貴達、僅豐足終身耳、帝即還之、張說使人諷以贈已、許償金寶法善往見曰、枉受必殃、君何利焉、說乃止、未幾弁辭職去、東遊廣陵有胡商求觀拜曰、此玉清真人之寶、請易以數十萬金、弁因大富、築室江都、戊辰春正、帝御五鳳樓大酺夜於樓下設高座召三教講論、有員半千之孫名俶年九歲辦儒服昇座詞辯鋒起談者皆屈、帝奇之、召入樓問

回李泌
李弼
李承休
周氏
劉晏

姓名因問更有奇如兒者乎俶對曰舅子李順七歲能賦
問其所居命中人潛伺於門抱之以入戒勿令其家知順
名泌字長源中山人六代祖弼仕周爲太師父承休爲唐吳房令
承休娶汝南周氏初僧伽自泗上來見周奇之曰此女當
歸李氏而生三子最小者愼勿衣以紫衣當起家金紫爲
帝王師及適承休娠泌凡三周年方寤而生髮至於眉周
每産必累日困憊唯娩泌獨無恙故小字順幼聰敏書一
覽成誦中人抱至帝與張說觀碁員俶與劉晏偕在側帝
謂說曰後來者與前兒絕殊儀狀眞國器也命說試爲詩
說令詠方圓動靜泌曰願聞其狀說曰方若碁局圓如碁

大類泌之平生

張均

張垍

賀知章

申元之

子動如碁生靜如碁死以其幼仍教之曰但可以意虛作不得實道碁字泌曰隨意即甚易耳帝笑曰精神全大於身泌曰方如行義圓如用智動如逞才靜如遂意說賀曰聖代嘉瑞也帝大悅抱於懷撫其頭命果餌啗之遂送忠王院兩月方歸賜衣物彩繒諭其家曰恐於兒有損未能與官當善視之說邀令子均垍相與若師友張九齡等一見傾心愛重賀知章嘗曰稱子目如秋水必拜卿相泌身輕能於屏風上行薰籠上立道者申元之見之曰年十五必白日昇天父母保惜親族憐愛聞之皆若有甚厄一旦空中有異香奇音舉家迎罵乃止至其年八月十五笙歌

史集仙爲集賢

二十七仙

彍騎改名羽林

在室綵雲掛於庭樹李公乃擣蒜韲汁效觧令人登屋以巨杓颺之香樂更不復至帝立集賢院凡異行美行者處之以說爲集賢學士帝晝寢忽夢二十七仙云我等寄羅底間三年與陛下鎮護國界每易形混迹遊處人間既籍敕天下郡縣訪有羅底字處他夕又夢云有音樂處可問帝遣使訪至寧州東南五里羅州縣界羅州山相傳有洞穴而蓊薈不通樵牧常聞樂聲使尋之久不見忽有白兎出於林逕入崖下隨所入而抵嵌竇焉石室寬博得石像二十七眞以進帝令御林飛騎馳迎於內殿設位晨夕焚香躬自瞻謁命夾紵工作諸像送於本洞復於其處置通

聖觀改縣爲眞寧以旌之賜寶香及爐爐今猶在鄉里言昔有

底老

底老者龐眉皓髮於山下賣酒常有異叟來飲或藥童樵父往來其家一旦衆異人謂底曰加其醞更一飲不復來矣如其言加釀以待釀熟羣仙果至飲酣居下者一人云請刻衆仙之形留世乃取石二十七片俄頃刻成備得眞容置於洞依飲時坐次皆誌名氏於背而去底老亦不知所之帝問諸仙於羣臣裴光庭對曰或是二十八宿底疑即氐宿也

裴光庭

己巳秋八月帝以生日爲千秋節喜事武功令兩京諸州置太公廟以張良配享選古名將以備十哲左廡田穰苴管仲樂毅韓信李靖右廡孫武子范蠡吳起諸葛亮李勣二八月上戊日致祭如

唐若山
唐若水
吳筠
尹愔
何思達
史崇恩
尹崇
秘希言

孔子禮魯郡人唐若山先天中歷官尚書郎連典劇郡頗有惠政帝以爲潤州刺史兼領浙東採訪弟若水爲衡岳道士得胎元谷神之要嘗徵入內殿與葉法善吳筠尹愔何思達史崇恩尹崇祕希言等講論尋求歸山詔許之吳筠字貞節華陰人同尹何五子師潘師正爲道士論谷神玄妙修胸中之誠疏瀹澡雪遊仙步虛通經誼性高鯁不耐沉浮於時去居嵩山帝召與語甚悅敕待詔翰林獻玄綱三篇帝嘗問道對曰深於道者無如老子五千文其餘徒喪紙札耳復問治鍊法對曰此野人事積歲月求之非人主宜留意每開陳皆名教世務以微言諷誡懇求還敕爲立道

館、大曆中化、謚宗正先生、史崇恩於神龍二年、與僧慧範並受制加五品階、唐若山素耽方術、所至必會爐鼎之客、雖術用無取、猶禮接焉、家財殆盡、俸祿無餘、

冥司以非命妄拘楊瑒、故鬼吏亦得以欺之、

僕僕賣藥度人、何與刺史事、而指以爲妖、必欲執之直至雷轟魄散、方不敢言、眞是自討苦喫、

元珪習禪定於靜中、嶽神猶未之信、現形試之、至機鋒契合、始肯皈依、神亦通於佛法者也、

麴處士一則、與張果相似、此則妙於責於愚鈍沉湎、大有滑稽諷世之趣、

玉清仙子、既夢授仙樂於玄宗、恐有缺失、又招韋弇而教之、令其較正、亦可謂珍重斯音者矣、鄭侯生有異徵、的是神仙中人、跡其平生、畧與留侯彷彿、三神童一時並見、眞爲國瑞、

若山得遇眞人、全右篤尚正直、性無忿恚八字、則知偏私暴戾、便非學仙胚子、

老叟

○○○捐暴戾汞鉛互交　○○○嫌朽衰鬚齒重易
晚歲忘意彌篤有老叟形容羸瘠自言有道見者皆笑若
山盡禮加敬留月餘博採方訣歌頌圖記無不研究叟皆
不答唯好肥鮮美酒所食啟三四人若山敬奉曾無倦色
一夕叟從容曰君家百口所給常若不足貴爲方伯力尚
多闕一旦居閒何以爲贍況帑藏錢帛頗有侵用誠爲君
憂之若山驚曰計無所出若緣此受譴固所甘心但慮一
家有凍餒之苦耳叟曰無多慮也促命酒連舉數盃若山
素不善飲是夜亦抱三四爵殊不覺醉月甚朗起步庭中
叟曰可命一僕運鑪釜鐵器數事於藥室若山如命叟復

使僕布席累鑪分鼎鐺之屬爲二聚熾炭加之烘然如窒不可向視叟於腰間解小瓠出二丹丸各投其一闔扉而出謂若山曰子有道骨當度世加以篤尚正直性無忿恚仙家尤重此行吾太極眞人也遊觀人間憫子勤志故來相度耳所化黃白一留遺子孫旁濟貧乏一支納帑藏翌日相待於中流也遂去若山凌晨開閣爛然照屋復扃閉之以自料理即整棹浮江將遊金山寺舊名浮玉時因裴頭陀開山於此穴間得金建寺故名堅土山與金山對峙易名銀山焦山改玉山江霧晦暝咫尺不辨若山獨見老叟棹漁舟直抵舫側招過舟超然引去郡中几案間得若山訣別之書指揮家事又得遺表畧云

童復

張尚容

世祿暫榮浮生難保惟登眞脫屣可以後天爲期皆范丞相泛舟五湖是知其主不堪同樂也張留侯去師四皓是畏其主不可久留也二子之去與臣不同臣運屬休明累叨榮爵早悟升沉之理深知止足之規棲心玄關偶得丹訣黃金可作信淮南之昔言白日可逐察眞經之妙用既得之矣餘復何求是用揮手紅塵騰神碧海扶桑在望蓬島非遙遐瞻帝闕不勝受恩感切之至

帝覽表異之遽命優恤其家促召若水與內臣賫詔於江表海濱尋訪杳無音塵歸途遇青州士子童復先在京有交曾患半身枯黑御醫張尚容等不識復歸東齊聚族言

奇想

曰形體如是寧可久耶聞大海中有神仙吾當往求仙方此疾可愈宗族留之不得與侍者齎糧至登州海側寓一空舟乃賫所携掛帆隨風行十餘日近一島上有數百人如朝謁狀岸有婦人洗藥因問彼皆何為者婦指曰中心牀坐鬚鬢白者徐君也問為誰婦云君知秦時徐福乎復曰此則是耶頃各散去復遂登岸致謁具始末求療徐曰汝之疾遇吾即生初以美飯哺之器物奇小復嫌其薄君云能盡此當為再餐但恐不盡耳復啖之如數甌物致飽亦以一小器盛酒飲之致醉翌日以黑藥數丸與食痢黑汁數升疾乃愈復求住奉事徐曰爾有祿位未宜即留當

韓休　裴耀卿　楊正見　楊寵　王生

以東風相送無愁歸路遥也更與黄藥一袋云此藥能治一切病還遇疾者可以刀圭飲之復辭謝數日至登州覩咸驚異復遇舊識内臣引進以藥事奏聞帝令疾者服之皆愈授復爲蓬萊舍人癸酉以紫微舍人韓休同平章事休峭直守正帝敬憚遂罷以裴耀卿張九齡同平章事分天下爲十五道各置採訪使西川遣使臣奏眉州主簿化女仙楊正見白日昇天其父寵適義縣民正見幼聰悟仁憫雅尚清虚既長嫁同郡王生王一旦會親故使正見爲魚膾賓博戲於廳正見憐魚之生養盆中觀之日及而盤飧未備舅姑促責正見懼舍魚於河自竄於野行數里不

覺疲倦見夾道花木異於人世山舍有女冠在具以其由白之女冠曰子有好生之心可以教也因留止焉乃蒲江縣主簿化側（昔天師道陵為廣漢主簿王興政治平衡度以上昇處）女冠素不食時出求糧以贍正見如此數年正見恭慎勤恪執禮未嘗鬱怠懈於汲泉之所有一小兒潔白可愛若周歲者見人喜且笑正見抱而撫之以為常由此汲水歸遲者數四師怪問之正見以告師曰若復見必抱兒見吾月餘正見至澗此兒復出因抱之歸漸近舍兒已彊矣如草樹之根約數斤師識之命潔甑以蒸會糧盡師出山求糧給正見柴三小束諭曰甑中物柴盡方止勿輒視之斯一夕便回而此

○曾女冠

夜大風雨水益道阻十日不歸正見飢甚聞甑中物香竊食俱盡師歸歎曰神仙固有定分吾曾氏女也初天師長女文姫適袁氏道成携五子昇天後常降此曾師之此山有人形茯苓得食者壽與天畢吾伺之二十年餘今汝遇而食之眞天意也正見容狀益光彩射人常有衆仙降其室與論眞宮天府之事歲餘謂其師曰得食靈藥便合登仙所以遲廻者幼時見父母揀税錢輸官有明淨圓好者竊藏二錢玩之以是爲隱藏官錢故仙律之嚴如此罰居人間更一年耳即平步入空與師作別未幾仍度師去使臣奏之帝益信道教命中人博訪得遂州董方

○董方義

義女年十七神姿艷冶寡於飲食好静守和鄉里以其容

董上仙

德非凡故名上仙忽一旦紫雲垂布天樂下於其庭二青童引之昇父母號呼不已去地數十丈復下還家紫雲青童旋即不見居數月復上昇如初因父母號泣良久復下中人聞於帝徵入長安居內殿月餘乞還許之中使送至家百餘日將復昇父母又哭乃蛻其皮而飛去皮如其形衣結不解若蟬殼詔置上仙唐興而觀於其居處在州九十餘里

李林甫

涪江之濱甲戌夏以李林甫為禮部尚書林甫本東都仕族少縱蕩二十尚未讀書好遊獵打毬馳逐鷹狗每於城外槐壇下騎驢擊鳥畧無休日既倦捨驢以兩手反據地歇一日有醜陋道士曰此又何樂郎君乃爾好之林甫怒顧曰

又復丁寧

閣足下何事明日又復如之林甫性聰悟意是異人乃攝衣起謝道者曰或致顛墜悔不可及林甫請自修謹不復爲也道者曰後三日五更會於此李曰諾如言而往道者已先在談極洽且曰某見郎君已列仙籍合白日昇天如不欲則二十年人間宰相歸熟思之三日後復會此林甫迴計宰相重權在已安可以仙易之遂泯迹於世乎及期往白道者嗟歎咄叱如不自持曰五百年始見一人可惜可惜林甫亦悔欲復之道者曰神明知之矣叙別曰宰權生殺威振天下慎勿行陰賊當爲陰德廣救拔人無枉殺人如此則三百年後尚可得仙今官祿已至可便入京林

李庫部甫泣拜而別有堂叔為庫部郎中在京遂詣之叔以其不
肖謂曰汝何至此曰某知所過請改節讀書願受鞭箠庫
部未令就學遣監杯盤之飾無不修潔或命主其事雖雪
深沒踝亦不辭庫部益親憐之言於班行後以蔭叙累遷
壽王瑁吏部侍郎柔佞多狡時武惠妃寵冠後宮生壽王瑁太子
寖疎薄林甫乃因宦官言於惠妃曰願保護壽王惠妃德
吴為之驚之帝以林甫與裴張並同中書門下三品是日大風起拔
木傾屋又關中久雨穀貴帝欲幸東都耀卿置對甚善帝
以為江淮轉運使凡三歲得運米七百萬斛耀卿入朝曰
臣於道間數見一老乘驢如飛邀問之云是中條張老此

右尤風不欲其去耳

韋濟

詐死慣家

裴晤

徐嶠

必有道可召之張果居恒州多往來汾晉間耆老云為兒
童時見之言已數百歲因傳其有長年秘術太宗高宗屢
徵不起則天聘之出山佯死於妬女廟前時方盛暑須臾
臭爛生虫後有人復見之常乘一白驢日行數萬里休則
重疊如紙置巾箱中乘則以水噀之復為驢相州刺史韋
濟嘗薦之帝久聞其異即遣耀卿弟通事舍人裴晤馳驛
迎之果對晤氣絕而死晤乃焚香啟請宣天子求道之意
俄頃漸甦晤不敢逼馳還奏之命中書舍人徐嶠齎璽書
往迎果隨嶠至都安置集賢院肩輿入禁宮帝從容曰先
生得道者也何齒髮之衰耶果曰衰朽無道術可憑故使

王迴質

蕭華

玉眞公主

之術長足趾也今若盡除不猶愈乎因於御前拔去鬢髮
擊落牙齒帝甚驚謂曰先生休舍少選昭詣俄召之見其
青鬢皓齒愈於壯年一日秘書監王迴質太常少卿蕭華
同造訪果忽謂曰娶婦得公主甚可畏也主蕭未諭少頃
中使至謂果曰上以玉眞公主早歲好道欲降於先生果
大笑竟不承詔二人方悟公卿多往候謁或問以方外事
皆詭對之每云是堯時丙子年人又云堯時爲侍中但進
美酒及三黃丸帝留內殿賜飲辭以山臣飲不過二升有
弟子飲可一斗帝命召至見一小道士自殿簷飛下年可
十六七美姿容旨趣雅淡禮貌臻備帝命坐果曰當侍立

此戲與蘄相似而更趣

真正道理

三 奚契丹

張守珪

於側帝目之愈喜賜之酒飲及一斗不辭果曰過度有失致龍顏一笑也帝遍而賜之酒忽從頂湧出冠落地化一榼蓋帝及嬪御皆笑頃失道士但見一金榼在地滿注清酒驗之乃集賢院中榼也帝累試仙術常命與法善法戲所資甚多果辭曰無用衣食留賜貧病者受惠多矣臈月制禁京城丐者置病坊以養之帝嘗問以治身治國之道果曰清心寡欲以身治務農節用以國治帝始躬耕刈麥

北胡奚契丹犯邊幽州節度張守珪擊破之制為羽林大將軍守珪九隴人慷慨尚氣節未遇時有仙君山茶園每歲召採茶人力百餘男女傭工者雜處園中一少年自言

無親族、賃為摘茶、甚勤愿了慧、守珪憐之、以為義兒、又一女子年二十、云願為義兒之妻、孝義端恪、一旦山水泛溢、市井路隔、塩酪既缺、新婦曰此可買耳、取錢出門十數步、置錢於樹下、以杖叩樹、得塩酪而歸、後或有所需、但令叩樹、無不得者、其術夫亦能之、與隣婦數十輩、於塴口市相遇、為買酒一碗、與衆婦飲、皆大醉、而碗酒不減、守珪問其

陽平謫仙夫婦

術、受何人、少年曰我陽平洞仙、因小過謫凡、不久當去、守珪曰、洞府大小、與人間城闕相類否、對曰二十四化、各有一洞、或方千里五百三百里、中皆有日月飛精謂伏晨之根、下照於洞、與世無異、中有仙王仙官卿相輔佐、如世之

職司有道及積功遷神返生之士皆居其中為民庶每年
天元大節諸天各有上眞遊觀人世所為善惡其生死廢
興水旱風雨預關於洞眞焉龍神祠廟血食之司皆為洞
府所統二十四化之外青城峨眉益登慈母繁陽嶓冢皆
亦有洞不在十大洞天三十六小洞天之數洞中仙曹宛
如郡縣聚落不可一一詳記也旬日忽失其夫婦蓋守珪愛下故
暫寄附焉守珪既受任仍鎮幽州營州雜胡有康姓名阿犖山

○安祿山

隨母再適安氏逃入幽州極狡黠守珪更名祿山後有戰功表為
平盧討擊使有史窣千者亦以驍勇聞守珪奏為果毅後

○史思明

人奏事賜名思明張果聞守珪表舉安史浩然歎曰二孽

歸夜光　典禍亂作矣帝因張果神異莫測聞歸夜光善視鬼召果坐於前勅夜光視之奏曰張果安在臣願視之而果在御前大笑夜光卒不能見（竟成盲人）

邢和璞　有邢和璞者字蘊中自稱青城山道人精知本草武后患心熱疾和璞進紫花梨即愈賜賚不受歸山曾師鄭瓊更善方術和璞貌清癯服氣時餌少藥朝貴候之如市能增壽活死嘗至白馬坂下遇友人已死信宿其母哭求和璞令出亡人寘於床引其衾解衣同寢令闔户熟眠久之起具湯而友猶死和璞曰大人與我約而妄何也復令閉户又寢俄而起曰活矣母入視已蘇問之子曰被錄在牢禁繫考訊正苦忽聞外曰王與若人

官曰訊未畢不可使去少頃又驚走至者曰邢仙人自來喚官吏迎拜恐懼遂令從歸有人納少妾善歌舞而暴卒請和璞活之乃墨書一符使置妾臥處俄而言曰墨符無益復朱書一符命置於床照頭曰此山神取之可令追也又書一大符焚之俄而妾活言曰為一胡神領從者數百拘去閉宮門作樂酣飲忽有排户者曰五道大使呼歌者神不應頃又曰羅大王使呼神方駭仍曰且少留須臾數百騎馳呼曰天帝詔何敢輒取歌人令曳神下杖一百速命放還邢常攜竹算數計算長六寸有請者則布算為卦縱橫布列動用數百滿床布已乃告家之休咎人之年命

短長及官祿如神帝每奇之因令算果年壽和璞運籌布算意竭神沮終不能定其甲子帝謂高力士曰今張果寒燠不能瘵其體外物不能溷其中善算者莫究其年視鬼者莫見其狀神仙倏忽豈非眞者耶嘗聞堇酙飲之者死苟非眞仙必敗其質可試以飲之會大雪寒甚命以堇酙賜果遂舉飲盡三卮醺然有醉色顧謂左右曰此酒非嘉味也即偃而寢食頃方寤覽鏡齒皆焦黑遽命侍童取鐵如意擊齒盡落隨收於衣帶中曾掞先天毛再易後天骨

張果於漢武時未證仙階況有諸天方在所以無奇可見今則仙格已高而數千年之修煉於茲大

和璞自有風骨非夜光一流人也師顯於漢弟顯於唐各逢其會耳

齧齒重生兩次矣

按蝙蝠飲鍾乳能壽

○○○顯神咒戲驚三藏　○○○學隱形怒斬羅公

徐出藥一貼色微紅光瑩以傅諸齒穴中已而又寢久之忽寤引鏡自視其齒已生堅白愈於前帝下詔曰恒州張果先生遊方之外者也跡先高尚心入窅冥久混光塵應召赴闕莫知甲子之數且謂羲皇上人問以道樞盡會宗極今則將行朝禮爰申寵命可授銀青光祿大夫仍賜號通玄先生

帝問法善曰果之根蒂先生豈不知之曰臣雖知言訖必死故不敢言陛下能免冠跣足救臣可得復生帝許之法善曰混沌初分有黑白二蝙蝠寢殿㸃鬼之鍾進士黑者

千歲曰仙鼠

所化此老是白者修成言甫畢七竅流血僵仆於地帝遽
詰果所免冠跣足自稱共罪果徐曰此兒多口過不譴之
恐敗天地間事耳帝哀請久之果乃至法善處以水噀其
面即時復活帝齋戒三日敬問金丹之道果信口曰
赫赫金丹一日成黃芽不離水銀坑劫成雖未三週變
開爐已覺放光明
帝曰終用爐火煅煉耶果曰自然未幾帝狩於咸陽獲一
大鹿異於常果見曰此仙鹿也已滿千歲帝問之果曰昔
元狩五年臣曾從畋於上林生獲此鹿既而放之帝曰鹿
多矣何以知其是況時遷代變豈不為獵者所獲乎果曰

武帝放鹿時以銅牌誌於左角下遂命驗之果獲銅牌二寸但文字凋暗帝曰元狩至此凡幾年果曰是歲癸亥始開昆明池今甲戌歲八百五十二年矣帝命太史氏校之畧無差焉丙子春鄂州刺史表薦仙童羅公遠刺史春設觀者傾郡一白衣人長丈餘貌甚異隨衆而至門衛皆怪之俄有小童傍過叱曰汝何離本處驚動官司耶其人遂攝衣走吏白於刺史喚童問之云姓羅名公遠適見守江龍上岸其趣令速回刺史曰須令我見本形公遠曰請俟後日至期於水濱作一小坑深纔一尺引水入坑刺史與郡人並看逡巡有白魚長五六寸隨流而至騰躍漸入青

烟如線起自坎中少頃黑氣滿空公遠曰可以上津亭矣衆未至亭電光閃爍大雨如注見一龍於江心頭與雲連食頃方沒刺史薦之入都進見時帝與張果法善奕碁二人曰村童亦解何得輕視何事各握碁子數枚問曰何物曰空手及開果無並妙在公遠處方駭異令與張葉等齒坐劍南有果名日熟子張與葉以術取每過午必至其日暨夜杳然相顧曰莫是羅君否時天寒圍爐公遠先以一筯妙樹火中因笑而除之使者隨至葉詰之云焰火亘天無路可過適火俱非其匹息方來衆詢公遠所師曰太上老君也張葉始加敬時武惠妃好佛有西僧曰無畏三藏金剛三藏初至所司引謁

○金剛藏三

○○宣律

帝問欲於何方休息無畏曰臣在天竺聞大唐西明寺宣律師持律甚嚴願往依止帝可之宣律禁戒堅苦焚修精懃無畏飲酒食肉言行麤易往往乘醉喧競穢汚裀席宣律頗不甘中夜捫虱將放於地無畏半醉連呼曰律師撲殺佛子耶宣整衣作禮而師事焉無畏忽謂金剛曰吾將先逝遂閉目而逝金剛韜穎縝密惠妃尤信奉之帝幸功德院剛與張葉羅俱在帝苦背癢公遠折竹枝化七寶如意以進帝顧剛曰師能致乎曰此幻化耳臣能取真物乃出諸袖中公遠進者復為竹枝騎兵法駕幸東都武妃同行上陽宮將修麟趾殿庭有大方梁長數丈時羅葉剛皆從帝謂

先爲遮避，

道術高妙，故嚇三藏

曰寧王

葉曰師試爲朕舉此葉作法方木楬起一頭帝曰何不俱
起葉曰三藏使善神鎭壓故也試妃顏有悅色剛亦陰喜
公遠低頭微哂帝謂剛曰師咒神靈能咒葉師入澡瓶乎
剛置瓶使法善數座遂持大佛頂眞言二遍葉身欻欻就
瓶拂然而入帝不悅良久曰還能咒其出乎剛曰此本法
也即誦眞言數遍竟不出帝曰朕之法師今爲咒沒矣武
妃失色剛大懼公遠笑曰法善不遠高力士奏葉師入
帝詰問之對曰寧王邀臣飯不因一咒何以去也已而使
葉作法取剛金襴袈裟摺覆於盆焉步叩齒繞三匝曰攝
土穀粮袈裟之縷隨色各爲一聚剛曰惜哉毀至此乎帝

妙甚

趣甚

三藏亦大喫力矣、

問還可正否葉又覆咒之曰速正放之如故又取剛鉢燒赤反覆於手忽合剛頭失聲避走帝大笑顧羅曰師不能作一術以娛朕耶羅問欲何所試剛曰貧道以袈裟收固令公遠取之剛於道場院結壇焚香跏趺作法袈裟置銀盒又木函封鎖皆見中一重菩薩外一重金甲神又一重金剛圍之賢聖比肩環繞甚嚴剛觀守目不暫捨羅坐繩床談笑如故衆注視數食頃帝曰何太遲遲得無勞乎羅曰臣安敢自衒三藏啟觀可也（妙）令開函封鎖依然而中已（妙）空矣帝拍掌稱奇羅曰請人於臣院內敕弟子開櫃送來命中使取至帝問取之之道羅曰菩薩力士聖之中者甲

謀得術士
氷冷、

公遠處處
高於張葉
不愧太上
高弟、

兵諸神道之小者若太上至眞之妙。非術士所知。適使玉
清神女取之則菩薩金剛不能見其形影取若坦途帝賞
賚無數時張果累陳老病乞歸恒州詔給驛送還帝欲學
隱遁之術公遠曰陛下玉書金格已簡於九清矣眞人降
化保國安民誠宜習唐虞之無爲繼文景之儉約却寶劍
而不御棄名馬而不乘豈可以萬乘之尊而輕狥小術爲
戲玩之事乎若盡臣術必懷璽入人家困於魚服矣帝怒
罵之遂走入殿柱中數帝之過帝愈怒易柱破之復入玉
碣中又易碣破爲數十片悉有公遠之形帝謝之乃出後
堅求不已因教焉然帝自爲或露裾帶或見影迹帝怒斬

李適之

還後深自悔令中使訪之冀或再見更求靈異李適之爲河南尹忽有女冠乘太風集玉眞觀鍾樓觀者環如堵聞於尹適之怒其聚衆祖而笞之至十女冠既不哀祈亦無損傷適之駭謝奏聞勅召內殿訪其飛行之道乃蒲州紫

紫雲女道士

雲觀女道士也其母晝見觀音抱至而生迨長辟穀身輕偶因大風飛起云將歸普陀謁大士帝賜金帛送還數年後復乘風飛去不返

張九齡字子壽曲江人生之夕母見素衣女冠抱一持桂嬰孩謂曰丈昌子也易育而多壽及産容儀修好長有知人之鑑居朝端直敢言祿山失律九齡觀其有反相請誅不聽歎曰後爲亂者此胡也千秋節進金鑑錄以寓規諫

丁丑春置玄學博士每歲以明經舉之九齡謂牛仙客非宰相才林甫爲誹謗奏貶荆州長史李泌嘗賦長歌行曰天覆吾地載吾天地生吾有意無不然絶粒昇天衢不然鳴珂遊帝都焉能不貴復不去空作昻藏一丈夫一丈夫兮一丈夫平生志氣是良圖請君看取百年事業就扁舟泛五湖

九齡誡之曰早得美名必有所折宜自韜晦泌泣謝九齡喜其有心呼爲小友遨往荆州經年就東都肄業遂遊衡山嵩山因遇桓眞人羨門子降羽車幢節流雲神光照灼山谷授泌長生羽化服餌之道且曰太上有命以國祚中

危宜佐朝廷功友生靈然後可登真脫屣耳自是咽氣絕粒修黃老谷神之要至都寧王延于第（即宋王成器改封寧改名憲）玉真公主以弟呼之賦詩必播樂章丁父憂柴毀骨立服闋復遊嵩華終南不顧名祿帝信武惠之讒廢瑛瑤琚皆賜死戊寅夏立璵為太子（改名亨）秋册南詔為歸義雲南王（本哀牢夷地蠻語王為詔六詔莫能相一南詔蒙舍賂求合一許之）中使自嶺南回謁金天廟莫祝畢戲問廟巫曰大王在否曰不在中使詰之巫曰關外三十里迎成真人中使遽令人郊候之一道士弊衣負布囊來問之姓成延於傳舍以驛騎載之至京密奏之召館蓬萊院詔問修習何事皆拱默不對沈真樸畧而已

半載餘求歸聽其自適自內殿挈囊以去見者咸笑焉所
司洒掃其居改張幃幕見壁上題曰
蜀路南行燕師北至本擬白日昇天且看黑龍飲渭
其字洗刮愈明聞於帝帝默然頗追思之後祿山起燕車駕幸蜀皆如其
言以問法善對曰少室成公興也今西山會潘師正矣師
正忽謂承禎曰陶貞白自蓬萊監遷嵩山伯於今百年剛
白上帝求替令舉所知以代貞白舉余文籍已定不得久
住人間俟成公一晤即行數日成公來餞之蒞任師正即
屍解年九十八諡體玄先生成公謂承禎曰善自愛子之所證較勝
於師承禎禮葬畢仍返天台蜀女焦靜真因精思至道恍

薛季昌

內功已足

忽有人道士至方丈山遇二女仙謂曰子欲為仙可詣青童上相受三皇法請其名氏則司馬承禎也靜真遂詣求道未幾昇天常降謂其徒薛季昌曰先生之任高於陶君當為東華上清真人季昌乃往事承禎己卯中秋五月承禎與申元之同赴千秋節元之字泰楚人深有道術其徒紹希言等奏元之高妙召拜為文靖天師因齋值長生殿中夜行道畢隔雲母屏各就枕微聞若小兒誦經聲玲玲如金玉元之褰裳攝步見承禎額上有小日如錢光耀一席逼聽之其聲發自腦中元之還謂其徒曰黃庭經云泥丸九真皆有房方圓一寸處此中先生之謂乎常求延年之術

先是周公南向孔子東面

〇仙峨

張景侯

〇〇小釋迦

承禎隱而微言之。〇帝得傳其秘，理國最久，庶是道力之助。是月，追謚孔子為文宣王，南面，坐被王者服，贈弟子為公侯伯。庚辰，春，帝聞張九齡卒於縣所，深加悲悼，諡文憲，勑道士齊龍登至臨川洞靈觀花姑黃妙微仙壇作醮以薦之，忽有白鹿自壇東出，至姑塚間而滅，葬木簡處有五色仙蛾集於壇上，刺史張景侯謂聖德所感，立碑頌述。勑葬九齡於韶州城西。九齡實韶之始興人，表其節。時發往山陵，谷深邃，蘂佳，清香襲人，建几案於中，皆白石琢成。後復鑿大庾嶺成路，行旅便之。上有白猿洞，建雲封寺。有滇昌黎氏子，九歲入桂山，精進五載，得悟人，亦稱為小釋迦。復止梅嶺，居雲封寺一月，歸省

⊙薛勉

⊙唐臣

其母啗之以肉出至小溪以刀剖腸滌淨復納腹中即歸寺坐化賜號澄虛大師辛巳閏四月帝夢玄元皇帝降丹鳳門云吾像在京城西南百餘里因遣使求之得於盩厔迎置興慶宮供奉先有薛尊師入京居昊天觀帝嘗召入內殿禮謁與葉申二師並重薛名勉家世顯榮則天末兄弟數人皆至二千石身為陽翟令數年間兄弟淪喪都盡遂奮志向道棄官入山召同志者唯邑小胥唐臣願從杖策負囊往嵩山口遇一人自山而出云求道人姓陳薛問其路陳曰有小事詣都約三日回當奉導薛唐止於路口至期陳至曰但止於此吾當入山求知其所即來相報期

以五日既而十日不至薛曰陳生豈相紿乎當自往遂緣磴入谷三四十里忽於路側見一死人虎食其半乃陳山人也唐子曰本爲長生反爲虎食不如歸家以終天年勿復效陳山人也薛曰嵩嶽靈境豈爲此害蓋山人所以激吾志汝歸吾不幸而死無憾爲專亦決意從之夜宿石巖晝行崎嶇數日見長松中有六道士如修藥狀薛頂禮求度諸道士曰雖自服藥無術可授俄瞻禪室有老僧禮拜求問僧亦無言於床下見藤蔓緣壁出戶僧指蔓示薛遂循而行其蔓傍巖崖不絕經兩日未盡至流泉處石室有數道士圍碁飲酒陳山人亦在笑謂薛曰子志誠可教遂

可駭 常人之見 有識 勇決 亦好 果未死

指授道要亦見俗人伐薪採藥問其所云終南山紫閣峰

陳安世

下薛請諸姓氏陳曰余京兆陳安世歷指曰此洛陽歐師王師歷城狄師長安杜師因末朝太上暫此相叙欲俟九天聖節引見諸上眞耳薛道成後陳師令入京護駕年百餘歲帝召瞻禮玄元聖像出告門人曰天帝召爲八威觀主遂坐脫顏色不變即於本院造塔安置唐臣受其道術

權叔本

後爲觀主安世者初爲權叔本家傭性慈行見禽獸輙避不欲驚之不踐生物叔本亦好道天台劉阮託爲書生從叔本遊欲因以度之而叔本不識久之意轉怠在內方作美食劉阮詣門問安世曰叔本在否曰在入白叔本欲出

婦人言其可聽乎

其婦止曰餓書生輩復欲來飽腹耳（可笑）於是使安世出答不在二仙曰前言在旋言不在何也曰大家君教我云耳二仙善其誠實乃問曰汝好道乎曰好而無由知之曰汝審好道明早會道北大樹下安世承言往日西不見乃起欲去二仙已在其側意果眞篤否約豈虛誑耶

金藏惟仗咒力未具靈通故法善玩之於股掌而公遠持以術士目之玄宗之不識公遠甚矣豈有有道者可得而殺之乎如可殺何足以爲道成眞人入閑神靈遠接孰知爲敝衣買囊老道乎閑令非能望氣者誰則知之叔本好道敬賢乃以室人一言幾失眞仙若非安世誠實得授道要叔本何自更求甚矣婦言悞人丈夫耳不可軟叔本轉師安世更無人可及

○○○劉蓍蕷悞入洞天　○○○侍霊符戲遊相府

更俟後日頻三期之而安世輙早至知可教與藥二丸誡曰汝歸勿復飲食別止一處二仙常來語以道要叔本怪之曰處空室何得有人語徃輙不見疑非常人自知失賢歎曰道尊德貴不在年齒父母生我然非師則莫能使我長生先聞道者即爲師矣乃執弟子禮朝夕拜事灑掃安世道成冲舉臨去以道要授叔本修之亦成安世雖度世二師命居終南不日蟠桃大會諸上眞齊赴方諸偕徃叅謁由是與諸俠仙遍遊見薛勉眞篤傳之以道復入蜀求侶遇一人曰姜訥於顯慶中採藥青城山見一大著蕷劉

深數尺根漸大如甕至五六丈尤大十餘丈地忽陷下因墮其中仰視穴口如星分必死矣傍一穴稍大匍匐數十步如有少光約里餘穴漸高又里許乃出一洞口有水潤

竟達

仙源

數十步岸有村落桑柘花木男女衣服不似今人耕夫釣童相遇驚問得來之由告其所以一人將小舠子渡至其家食以胡麻飯柏子湯諸葅留數日漸覺身輕因問何所兼求還路曰既至合有仙分當引謁天皇忽戶外諸人相呼曰明日上巳可往朝謁訥侵晨隨往其民或乘雲氣或駕龍鶴訥不覺亦在雲中徒步須臾至一城宮闕都金寶鏤嵌諸人以次入謁獨令訥住門外側有赤色大牛閉目

時西國獻獅子至安西道中䕺於驛樹近井哮吼若不自安俄而風雨大至有龍出非可見隨處有龍

吐涎沫主人令訥禮拜乞道如吐寶物即呑之訥如言求之少頃牛吐一赤珠大踰徑寸方欲捧接有赤衣童子拾去訥再求得青珠爲青衣童子所取復有黄者白者皆有童子奪之訥急捧牛口得黒珠遂呑之童子至無所見而去主人遂引謁天皇冕服居殿如世所繪神像侍者七人皆冠劍左右玉女數百侍衛殿庭花果馨香稀有天皇敎問訥具以實對偶顧左右玉女天皇曰汝悦侍衛之美乎訥俯伏請罪天皇曰汝須勤心妙道自有此等但汝修行未到須有功用不可輕致勅左右玉盤盛仙果示之曰恣汝手拱所得之數即侍女之數也訥視其果紺赤狀若林

求道於牛大奇

禽而芳香無比自度盡拱可得十餘及拱唯得三枚天皇
曰此汝分也初至未有位次月令前主人領往彼處勅三
女充侍別給一屋居之令諸道侶導以修持主人引回前
處道流教以服藥用氣洗滌塵念三女亦授以道術後數
朝謁天皇必勉其至意其地草木無榮落寒暑之變度可
一歲餘忽憶來時妻産一女纔經數日家貧不知如何思
往一省玉女曰君離世已久妻子等已亡豈可復尋蓋塵
念未祛致誤想耳以告諸隣共發嗟歎復白天皇命遣歸
諸仙於水上作歌樂飲餞以送三玉女各遺以黃金一鋌
曰恐歸來無得以此爲費中女曰至彼復思歸吾有藥在

馱龍

盆鋌中取吞可來小女曰金中藥有變故君舍東有搗練石吾已將藥置石下但取服之。天際見羣鵠飛過衆謂訥曰但從此可去衆捧訥舉之聳身便至鵠羣鵠亦不驚以而肘效其飛空中回顧猶見岸上人揮手相送至一城下集問其地乃臨海縣也。鬻金爲資糧經歲始至蜀問家無人知者一人年九十餘云姜氏有祖父因採藥不知所之祖母父姑皆亡久相尋故居俱爲瓦礫荒榛唯搗石尚在訥方鬻金時已失藥所在遂舉石得一丟合有丹吞之而心中明了卻記去路時羅天師在蜀往問之云是第五洞寶仙九室之天古英皇氏下都大牛乃馱龍也所吐珠赤者吞之壽與天齊青者五萬歲黃者三萬歲白者一萬歲黑者五千歲久存天皇前立七人是北斗七眞也訥將返尋洞天遇安世言及復欲再叩天師又已他往時中使輔仙玉奉使入蜀訪公遠消息遍歷諸處於黑水道中見公遠披雲霞衲策杖徐行仙玉跨馬追之常去十餘步呼曰天師雲水適意不念內殿相識耶公遠方佇顧仙玉拜謁宣述朝廷悔念從行數里至官道側相與臨溪據石而坐謂仙玉曰吾自晉咸和年入蜀訪師久晦名迹聞天子崇玄乃捨烟霞放曠之樂冒塵世腥羶之路混迹雞鶩窺閱蜉蝣不爲倦者蓋欲俯教以至道耳延於別殿遽以璽羈

爲索我告以腑臟葷血充積三田未虛六氣未潔請俟十
年不能守約加我以丹頸之戮一何遲遽哉然得道之人
與氣混合刼運之災陽九之數失地淪毀尚不能侵豈刀
兵水火所能害耶但念主上列丹華之籍有玉京交契之
舊躬欲度之眷眷之情有不能已袖出書一緘曰以此上
聞云我姓維亦將齋寶符出見也仍以蜀當歸爲寄遂失
所在仙王還奏帝惆然不懌公遠已至帝曰先生何改姓
氏對曰陛下嘗云臣頭帝稽首陳過公遠曰戲之耳異日
帝復以長生爲請對曰經云我命在我匪由於他當先內
眞誥
求而外得也刳心滅智草衣木食非至尊所能因進三峰

天寶

由同秀

歌八首大旨乃玄素黃赤之使還嬰泝流之事帝行之有驗故春秋愈高而精力不倦壬午春改元天寶置十節度經畧使以備邊安西北庭河西河東范陽平盧隴右劍南嶺南以陳王府參軍田同秀為朝散大夫初同秀言夢玄元皇帝告有靈符藏尹喜故宅上遣使求得之遂享玄元於新廟羣臣上表以寶符潛應年號請於尊號加天寶字帝從之以公遠復至因思張果復徵恒州召之果忽卒弟子葬之後發其棺空棺而已三月李林甫將嫁女裝飾具備女忽不見具事奏聞勅羅葉二師就宅尋之葉師踏步叩齒噴水作法誼持朱字照之果得一少年執女衣襟潛於中門右座一見大怒

(四) 張卓 (五) 張蘊 (六) 五僕

令前擒之，其人舉臂如抵墻壁，終莫能近，以狗馬血潑，刀
劍擊刺其人，開口鋒及摧折，又勑使宣云斷頭以進，其人
脫左鞋伸足推之，右座羅漢暨勑使皆仰仆，羅公曰向者
入門見有非常之氣，及其開口，果有太乙使者相公但獲
愛女何必相害，林甫乃止，棄羅細叩其由，此人姓張名卓
風神秀逸，志趣蕭閒，雅好仙書秘典，九經諸史，舉明經不
第歸蜀，路由漢中，遇一叟，自稱姓張名蘊，字藏眞，晏居豆
積冬居鸑鷟，見其戴烏帽，衣紅舊葛衫，烏犀帶，短靿靴，僕
五人，名狀甚怪，曰橘木、栗葛、柮復，有隨身之用，白籐笠六
角扇，木如意，節竹杖，長盈壺，常滿盃，自然流酌，有白驢曰

雪精日行千里多遊終南太華青城王屋云與葉羅二大師爲侶卓求其道要曰富貴聲色伐性之斧黙化烹煉戕命之斤草木金石腐腸之藥恬淡寡欲可以長生每述金丹華池之事易形煉化之術莫究其微妙盤桓月餘臨行贈以白驢言當在前途再會也卓以衣與書悉加驢背不暇乘坐但驅而行取便路自斜谷中行數日將至洋州驢忽奔擲入深簣中卓隨之至一洞口驢復走入時已曛黑卓亦困倦坐而假寐及曉覺洞中微明遂入行約數里出洞門見草樹巖壑悉非人間所有絳闕金城被甲者數百守衛見卓呵問答曰塵俗賤士願謁仙翁守吏趨報浪

張女

寡人所出耶

同列為婚

久召入見一人居玉殿披羽衣身可長丈餘鬢髮皓素侍女滿側皆有所執延卓上殿卓趨拜使坐與語甚喜留款酒味珍香異果羅列謂曰此非人世乃仙府也某惟一女願事君子卓再拜謝顧左右令將青合來取藥兩丸與張服訖覺臟腑清瑩逡巡搔摩皮若蟬蛻視鏡如嬰孩之貌以衣一箱令服之至夕成禮有霓旌羽蓋仙樂步虛與妻相見眞天人也每朔望與張乘鶴上朝蕊宮月餘張曰某血屬在人間思歸一決非有所戀也仙公戒之曰但歸不得淹留遂與二朱符二黑符一黑符可置於頭能隱形一置左臂千里之內可引手取之一朱符置舌上有不可却

者開口示之一置左足能縮地脉及拒非常然勿恃靈符自顛狂也令取驢乘之回蜀處分家事乃入京遊觀見一大第人馬駢闐窮極華麗因入經數門人無見之者至廳事鋪陳羅列賓客滿堂後帳內粧飾一女年可十五六張戲引之於中門後不知爲林甫家也至是備述羅葉言於帝令衛兵送歸舊山以驗其實逮至洞見金城絳闕仙翁侍從森然出呼曰張郎不記吾言幾至顛蹶張拜訖將前送者欲隨之翁以杖畫地成澗數丈深亦如之張妻至以領巾擲水上化五色綵橋招登之隨步即滅雲霧四合咫尺不辨唯聞鸞鶴笙簫之聲半日方止衆皆遥禮歸奏帝

太閣本立

始知爲眞仙發使就山祭醮因呼隅仙山在洋州西六十里帝謂
羅葉曰通玄先生曾言晉州神仙張蘊號洪涯子已千歲
餘蓋古之高仙開元中累詔不起聞其跨驢須僕每遊市
壓酒酣笑傲自若故詔閻本立圖其像庶得朝夕瞻觀多
有題咏者葉曰此人善易形鍊化須張果乃知其踪帝更
念承禎將遣使召之其弟子忽賫遺表至言已解化年八十九
精勤修煉童顏輕健如三十許人先期告弟子曰吾自居
桐柏玉霄峰東望蓬萊常有眞靈降鑒今爲青童東華君
所召遂坐而委蛻頃之唯有衣冠衆欲空衣葬之弟子七
十餘得道要者止三四人帝賜號正一先生復溯源追贈

弘景爲銀青光祿大夫承禎學術淵博有校定諸書傳世
號小司馬比干史遷賁表弟子即河東薛季昌帝延坐問道李
昌陳所撰道德玄樞研真窮妙以守虛白應天真之會合
人事之機帝嘉禮之未幾歸隱漢州綿竹爲其師焦女真
引去江以南連年荒旱吳興廣德民禱于橫山張公廟感
應得雨奏聞詔贈水部員外郎改山爲祠山公諱渤字伯奇武陵人父
龍陽君與媼遊太湖之陂忽晦冥雷電媼見天神賜金丹
有娠漢神爵三年二月十一日夜半生長而奇偉隆準修
髯有神告以地僻不足建家命行有獸前導與夫人李氏
東遊吳會渡浙江至苕霅白鶴山有四水會流止而居焉
於白鶴得柳氏於烏程桑坵得趙氏俱爲侍人有九弟五
子一女八孫公始於吳興郡長興縣順靈鄉役陰兵自荊
溪疏鑿聖瀆長三十里志欲通津於廣德公設鼓壇鍊形
鷁鳥所誤夫人突至公變未及不與相見化於縣西五里

梵僧不空

陶上御果
老子父手
改年爲載

横山之頂夫人亦至縣東二里而化時人並爲立廟聖蹟湮爲民田以浴兵池爲灌溉瀕水田萬頃掛鼓之壇禽不得栖蟻不敢聚遠近祈禱雨暘必應是歲秋七月又旱命公遠求雨言可過某日令祈之必暴帝命金剛三藏設壇請雨果淋注不止坊市漂溺有梵僧不空得總持門能役百神召使求霽不空遂於寺庭建泥龍五六乃溜水胡語詈之大笑有頃雨霽每祈雨無他軌則但敷繡座手旋數寸木人念咒擲之立座上伺木人口角牙出目瞬雨輒至帝歎曰天之暘雨可祈國之奸佞難逐遂不辭而去癸未春帝取方士附會之說老子之父爲周上御大夫追尊爲先天太皇又以臯陶爲大理李氏所由出尊爲德明皇帝申申改年曰載以

北山道者

安祿山兼范陽節度使初守珪鎮范陽擅州容雲令有女年十七姿色絶人忽得疾醫不能療北山有道者衣黃衣在山數百年稱有道術令自往請至診視與方餌女病立愈令厚贈貨財居月餘告歸令女夜卧忽有人與之寢而私焉每至則昏魘及明人去女復如常如是數夕女懼而告毋毋以告令乃移床近已夜伺之覺床動掩之擒一人遽命燈至即北山道者縛而訊之道者泣曰吾命當終被惑乃爾向遇負局先生傳願生之道復求其丹要先生曰凡俗之念未除終遭惡報苟能修持壽得永久吾居山六百餘年未嘗到人間今垂千歲昨蒙殷勤召至見公女意

十崔以清　十王倕　十蘇嘉慶　◎懷讓禪師　◎弘景律師

悦不能自抑有術能隱形以致家人不見往來令中節度（欲之害道如是）
使守珪斬之及聞祿山鎮燕遂告病歸清河崔以清復言
見玄元云藏符在武城紫微山敕使往掘亦得之東京留
守王倕知其詐按問首服上不深罪初術士蘇嘉慶言遁
甲術有九宮貴神典司水旱請立壇於東郊祀以四孟月
帝從之禮在太清宮太廟上所用牲玉皆侔天地李泌自
丁家艱聞朝廷寵任奸邪無復名宦之念服氣修道周遊
名山詣南嶽張先生受籙時南嶽般若寺懷讓禪師道行
圓通泌亦與之遊師本杜氏年十五往荊州玉泉寺依弘
景律師出家受具習毘尼藏復詣曹溪參六祖問甚麼處

來曰嵩山祖曰將甚麼物來曰說是一物即不中祖曰還
可修證否曰修證即不無污染即不得祖曰即此不污染
諸佛所念護汝能如是吾亦如是師豁然契會執侍一十
五載開元中來般若寺有沙門道一住傳法院常日坐禪
師往問曰大德坐禪圖箇甚麼曰圖作佛師乃取一磚磨
於菴前石上道一曰磨作甚麼師曰作鏡道一曰磨磚豈
得成鏡師曰坐禪安能成佛曰如何即是師曰如牛駕車
不行打車即是打牛即是

明白提醒

更醒

禪非坐臥

佛無定相

訥以無知之民誤入仙都若不重見喪亡凋落世變時
移終不能斷割塵網
張卓闖相府動朝廷羅葉施法擒撲向非太乙無猶何
能罷脫

常浩得吾
眉善威儀
智達得吾
眼善觀於
坦然得吾
耳善聽理
神照得吾
鼻善知氣
嚴峻得吾
舌善談說
道一得吾
心善古今

○○懶殘
惟異人能
識

○懶殘李泌而知心　○敬業賓王雙現跡

道一因禮拜曰、如何用心、合無相三昧、師示一偈曰（此問不差）

心地含諸種、遇澤悉皆萌、三昧華無相、何壞復何成、

有入室弟子六人、一一印可、時圓寂於衡嶽、執役僧明瓚、性懶而食人之殘、號懶殘、晝專一寺之工、夜止羣牛之下、二十年無倦色、中宵梵唱響徹山林、先悽惋而後喜悅、李泌聽而異曰、必謫墮之人、時至將去矣、夜潛謁望席門通名而拜、殘仰空唾諾曰、是將賊我、泌愈敬謹、殘方撥牛糞火出芋啗半授曰、愼言、領取十年宰相、泌拜食之居一月刺史桊嶽修道甚嚴、夜忽風雷、一峰頹下、正當上山蹬道

令十牛挽之數百人鼓譟而推力竭而愈固殘曰不假人力我試去之衆笑以爲狂乃履石轉盤若雷而下山路旣開一郡呼至聖殘懷去意寺外虎豹忽爾成羣日有殺傷殘曰授我箠爲爾盡驅除衆遂與荆梃躡觀之纔至門一虎啣之而去曰是虎豹之踪亦絕泌知其假此化去乃爲著明心論初相衡間有一僧博習經論每登講筵自謂超絕而聽者稀少布施僅有僧少憤將遍訪知者南至衡嶽寺常獨坐尋繹經義自咎曰所講說者無乃乖於聖意乎泌思之次忽一老僧杖錫入問習何經論僧述其由老僧笑曰大聖猶不能度無緣之人試爲爾結緣因問資粮幾

○○此是入世善因

○○志緣

○○住括

何曰歷行萬里食盡皆竭唯大衣七件老僧曰可賣之以饘皆作餅食僧如言約數千人食相與携至平野散擲焚香長跪而咒曰食我施者願來世當教得至菩提爾時鳥雀下啄螻蟻攢食老僧别去僧更名志緣周游二紀却歸河北開講聽徒動千萬人年皆少壯一日講堂前忽垂一巨手空中發言曰昔來開覺法門今日接汝歸去緣曰接引佛復至遂合掌觀心而逝○衡嶽僧言之泌爲紀其事時有僧住括年九十餘與弟子至南嶽月餘忽集諸僧懺殺人罪咎僧徒異之僧曰汝頗聞有徐敬業乎則吾身也兵敗遁入大孤山精勤修道已證四果矣因自言死日果如

之問續終其篇云桂子月中落天香雲外飄捫蘿登塔遠刳木取泉遙霜薄花更發冰輕葉互同夙齡尚超異披對且煩囂待八天台路看余度石

期而卒遂葬衡山駱賓王亦遁爲僧至錢唐棲焉宋之問初遊靈隱寺得句曰鷲嶺鬱岧嶤龍宮鏁寂寥夜月長廊行吟有僧點長命燈坐大禪床曰何不云樓觀滄海日門對浙江潮之問訝而晉謁僧謂曰時事可知何不從我出世去之問不然終被賜死遂明更訪則不復見詢之寺僧有知者曰此賓王也歲餘仍終於靈隱初武惠妃有疾聞武林爲僧海大顛齋供萬衆以邀福德捐貲遣中使賚往散施及妃甍帝悼念後宮無當意者或言壽王妃楊氏極美小字玉環鬱林雲陵里人母葉懷十三月生父亡都督部署楊康求爲汝三歲聽康親女讀書即能成誦長史楊玄琰以金帛與康得育於家既長選入壽王宮後名其生處曰產容縣家有一井孕婦汲飲產女必美帝見而悅之竊

楊玉環　葉母　楊康　楊玄琰　楊釗　○章仇兼瓊　柳士曹　李氏　○裴兵曹　是何言與

令宮人諷妃自意乞爲女冠號太眞更爲壽王娶妻潛內太眞宮中號娘子乙酉秋册爲貴妃三姊皆才色帝呼爲姨並承恩澤從祖兄釗不學無行章仇（復姓）兼瓊鎮蜀辟爲推官使獻春絲於京帝授金吾兵曹叅軍時兼瓊新得吐蕃安戎城差益州士曹柳某送物至城所三年不復命柳妻李氏居官舍忽有裴兵曹詣門云是李之中表丈人李念無裴姓親門不令啟裴因言李小名兼說李中外氏族李方令開門致拜因爲具飡裴容質甚雅問柳郎去幾時答云三載裴云三載義絕古人所言且我與子業因合爲伉（似不由人可否）儷願無拒竟爲裴丈所迷而章仇聞李姿美欲窺覘之令

夫人設筵會府縣妻罔不畢集唯李以夫壻在遠辭焉章
仇妻以須必見李懼責遂諾欲易衣裝裴顧小僕開箱取
第三衣來李意不足裴曰第三已非世有須更衣至異香
滿室李服之裴眎且笑曰衣服當須爾章仇何知第恐許（巳露）
老翁知耳李登車詣節度家夫人并座客悉降階致禮李（馬脚）
既服天衣貌更殊異夫人令曰章仇徑入院戒衆勿起見
李服色歎息數四乃借帔觀之試之水火不焚汚因留詰
之李具陳本末使人至裴居處則不見矣兼瓊易其衣以
進并奏其事勑以計求許老明之章仇意仙者必往來藥
肆令諸藥師候其出處居四日有小豎詣肆市藥藥師故

與惡藥小童復來且囑云大人怒藥不佳欲見捶撻因問
爲誰曰峨眉許老翁藥師引童白府章仇令勁健卒吏百
五十人隨童詣山且申勅令至則山峰巉絶童自下大呼
翁出石壁上問何須爾許人來童具白翁云童昬不來遂
冉冉躡虛而上諸吏叩頭哀求云大夫之暴翁所知也翁
乃許行謂諸吏曰但返我隨至吏卒至府而翁亦至章仇
俯伏問娶李者誰翁曰此上元夫人衣庫官俗情未盡耳
章仇懇翁詣都許與奏事官尅期而已先至帝所問曰庫
官私降還有罪否翁云已被流作人間一國主矣帝問衣
竟何如許云設席施衣於清淨處自有人來取命如言置

如此酒家神仙當來留颯

慣突見人

之卽有旋風捲衣入雲顧眄間亦失翁所在兼瓊以帝好道常搜訪異人有一鬻酒者酒勝其黨又不急於利賒貧甚衆每有紗帽杖藜四人來飲皆至數斗積債至十餘石併還之談諧笑謔酣暢而去其言愛說孫思邈或報章仇遣親吏候其丰醉前拜言曰尚書令傳語欲候仙官起居不知俯賜許否四人酣樂不顧逡巡問酒家曰適飲酒幾許曰一石皆撫掌笑曰太多不離席上倏已不見章仇專令探視月餘不至一日又來章仇潛駕往詣躍出再拜四人相顧徐起唯紫枝四莖在座章仇奏其事帝以公遠久於蜀召詢二事公遠曰此天上酒星其遊飲處處皆至尤

孫智良

日爲詐語術誰欺乎

崔曙

樂蜀中老翁即許遠遊也公遠以帝晚年欲心益熾復遁去帝數延元之法善孫智良邢和璞等入宮祈壽凡有自言知道術者必優禮召問田同秀主祀老君像又於祀所獲金匱靈符帝求見厚賜之丙戌元旦帝御正殿謂宰相曰朕於宮中爲壇爲百姓祈福自草黃素置案俄飛升天聞空中語云聖壽延長煉成丹置壇上及夜欲收又聞空中云藥未須收此自守護羣臣表賀和璞辭歸終南好道者多卜築依之崔曙年最少亦隨焉伐新汲泉皆名士和璞嘗謂其徒曰三五日有一異客君等可爲余各辦一味來數日偕諸水陸張筵於亭戒勿妄窺衆閉戶不敢謦欬

上帝戲臣

邢下山延一客長五尺首居其半緋衣寬博橫執象笏其睫踈長色若削瓜鼓髯大笑吻角侵耳與邢劇談多非人間事崔曙不耐因走而過庭客熟視顧邢曰此非泰山老師耶應曰然客復曰更一轉則先之千里矣及暮而去邢謂崔曰向客上帝戲臣也頃言頗記無崔垂泣曰幼時常聽先人言之後曙仕為司馬寄居荊州病積年且死忽覺卧室北墻有人劉聲命左右視之都無所見如此七日劉不已墻忽透明如一粟問左右復不見經一日穴大如盤崔窺之墻外乃野地有數人荷鍬钁立於穴側崔問之云邢眞人處分開此司馬厄重倍費功力有頃導騶五六悉

眞異人

崔亦奇士

被他認出

陳希烈　張尉

平幘朱衣辟曰眞人至見邢坐輿中曰帢垂綬執五明扇侍衛數人去穴數步而止謂曰公算盡僕爲公再三論得延一紀言畢壁合如舊旬日崔病愈令人至終南致謝云一月前已解化崔以奏聞帝益信道術黃門侍郎陳希烈會事法善以講老莊得進專用神仙符瑞媚於上林甫以其柔佞易制引以爲相法善居景陽觀勤行修煉四方有災患者求之立應二京受籙爲弟子者千餘凡有金帛及上方所賜並修宮觀恤孤貧時或遊行救濟闔明香直人年八百之妹初於豫章華林元秀峰沖舉郎於其地建元陽觀在瑞郡西北二里蜀川張尉之妻死而再生復爲夫婦法善識之

一葉仲容
一葉慧明
一葉重

曰此尸媚之祟不速除之張死矣即以符投之化黑氣而散錢唐江常有巨蜃為害淪溺舟檝行旅苦之法善投符江中使神人斬之除害殄凶玄功遐被請以松陽住宅為觀賜號淳和御製碑文書額崇顯之是歲六月三日謂弟子尹愔等曰余塵限已滿當歸上清復命龍車已駕矣遂脫然而逝年百有七歲所居院中異香紛郁仙樂遥聞有青烟直上燭天竟日方滅遺表請葬故鄉勅度其姪潤州司馬仲容為道士與中使護歸松陽詔衢婺括三州助葬供給所須詔贈金紫光祿大夫諡有道先生父慧明贈歙州刺史祖重贈越州都督發引日勅百官縞衣祖送於國

門外歸葬朞月棺忽開惟存劍履法善嘗言李筌有將相才帝欲用之爲林甫所排久沉江陵筌遂棄職尋見驪山老母求出世道母曰昇仙道術悉在陰符經中子盍探索其旨乃命出經指示玄微筌始領悟晝夜勤修能昇騰變化母命與寇謙之等相見筌請問老母得道根原母曰我乃舜妹顆手欲濟世立功降於商爲武丁之女幼卽遁出宮闈遇浮丘翁於嵩洛問引入九嶷見中元大帝授以道要自此遊行救度愛止驪山武乙無道民困我保護教育皆欲我王宰天下我不許至商辛暴虐民復歸余以道力護之九州大半歸化聞宛丘降西岐諭衆庶往就之迄今

二千載弟子得道者甚衆子以夙根獲證仙階注名丹籍今歲羣仙畢集東方當與子遍謁也荃喜躍拜謝是秋太公見度朔山蟠桃已熟會期將屆邀廣集宇宙聖真預召魯班仇生巫炎子都至方諸鳩工起造九間大殿三重俱用海外良材蓬丘異寶

沉香作柱玳瑁爲梁門鏤青瑣鋪嵌金花琉璃甍五采通明瑪瑙堦一塵不染琥珀欄杆雕就天章雲篆瓊簇榱桷碾成鳳喙螭頭內壁無非金碧窻櫺總屬璆琳上列翡翠屏孔雀屏白鷺屏百寶攢成內設暖玉案軟香案疊琚案九龍蟠繞廣布雲床多數寶座非關踵事增

蒼頡早有
歷代

華亦曰隨時設色
巾懸赤瑛匾上資始堂三字乃王次仲隸書桃園左右序
壹三十六處以備遊覽召歸九子靈眞仙官千億隸集衆
命西毋遺王倪容成相助料理木公命倪飛步上請高眞

大四嶽

須彌中土大地

黃老元皇帝君　中央一炁黃八帝土德天君　弇滋氏

角龍木仙　皇伯　徵龍火仙　皇中　商龍金仙　皇尗　羽龍木仙　皇季　宮龍

土仙　皇少　子孫諸眷屬　三代重器九州天龍尊神　雍鼎　豫鼎

冀鼎　青鼎　兗鼎　梁鼎　徐鼎　揚鼎　荊鼎

大處眞君　劉涓子　即冠先中黃大夫北海公　太微紫陽眞人　周義山　翠篆女官　威

逍遙　仙眞官將吏兵

麗農長離山

南宮右相何侯　南極長生赤精大帝　南極上宰廣壽仙翁

太陽眞君離明　赤帝三炁火德天君祝融氏　飛空神君回祿　先發眞君熒惑

太陽元君朱翼　靖定人黃敬　仙官仙吏

廣野山

大成文宣水精素王玄聖道君　諸眷屬子孫

復聖顏子淵　宗聖曾子輿　述聖子思子　亞聖孟子輿　拍皇

德言政學十哲　五十八火賢　三千大弟子　孟門十七

高徒淵源諸眷屬高徒　玄衣神使　黑帝五炁水德天君禺

滄洲

處靜神君玄冥　決非大使水夷　都水使者眞

官仙吏　謁者　贊者

崑崙山　西華金母至妙元皇大帝　太煥元君華林　太素元君

媚蘭　太武元君青娀　太瓊元君瑤姬　太眞元君玉卮　蘂珠宮春二

十四位繼女元君　墜向元君少女娃　保命眞人巫咸　護生眞人

巫陽　指揮夫人目儀　避世元君南陽公主　存誠眞人莊伯微

教益眞人甘需　欣幸眞人谷將子　善解夫人趙愛兒　自持夫人韓西

華　放貞夫人白和　三同夫人王十登　希文夫人董雙成　達文夫人

許飛瓊　意欽夫人阮淩華　凝翠夫人范成君　碧華夫人段安香

汝陽夫人石公子　佑陽夫人李慶孫　承光夫人郭密香　遠箴夫人白

四非　流明夫人衛承莊　旭初夫人李方明　固寶夫人張靈子等

女眞仙衆　紫微王夫人　王母第二十女居羽野玄隴　白帝七炁金德天君

蓐收 太白 閤苑 克勤一 陽元君 何仙姑 玉女山 崑丘之西為 仙都上苑

守山真人 張碩 芳洲夫人 杜蘭香 金堅侍真 萱枝 玉潤侍真 桃枝

高潔真人 湘江漁父 開明東 神醫七巫 巫彭 巫抵 巫履 巫凡 巫相 并前巫陽 巫咸

天上高真

玉清聖境無上開化首登盤古元始天尊

太元聖母元尊 上清真境太衛玉晨大道靈寶天尊

太清仙境三教宗師混元皇帝太上老君道德天尊

玄妙玉女生仙道君 寧靜會皇妃 端恭麗女 愔恭褒女

瓚是釋門上乘泌是道派靈根兩兩相逢遥成相識徐駱若一敗即死真臏包矣一留名南嶽一現迹靈隱亦可見其異於叛冦

上元庫吏漁色冒禁流為國主雖似小懲而一生之苦趣大約難受那仙之籙已高故與帝臣相接但此客異狀不知何時修證乃得身依王陛

新刻王掖宸先生評訂神仙鑑二集卷之十五

江夏明陽宣史徐衜述
汝南清眞覺姑李理贊

秫屋玦樓秘本

△〇玉冊三十六洞天　△〇仙籍七十二福地

金闕至尊昊天玉皇玄穹高上帝　德元順天皇后
淨德時王　寶月光王后　妃嬪宮眷　三十二梵天
尊帝　首出庶類統天主宰　太微天皇雷祖中清大
帝　北極中天紫微勾陳大帝　瑶天萬象星君　必
微后土眞宰　繡衣使者　冷廣子期　東方玉寶皇上天尊
南方玄眞萬福天尊　西方九天靈濟天尊　北方玄

天玉宸天尊　中央洪恩至道天尊　歷代治世賢聖
帝王及諸良能宰輔　長生保命天尊　消災解厄天
尊　大慈大悲天尊　神霄玉清眞王　十二赤脚太
仙　日宮太陽帝君　月宮太陰皇君　周御國王斗父天
尊　摩利支天斗母元尊　三台　四曜　五斗星君　五
德星君　九紫星官　諸天列宿　玉虛師相北極玄天上
帝　九天開化文昌元皇道君　尋聲赴感太乙救苦天帝　九天
應元雷聲普化尊帝　天蓬上帝　天猷上帝　翊聖保
德眞君　佑聖司命眞君　太平護國天尊　高眞妙
果天尊　上聖妙行眞人　九天採訪使　考校曹官

十八院仙官　諸司眞吏　機神祖師　梅葛染色二
仙翁　四十二萬織女天仙　淨壇監壇二使者　選
仙壇主者　戮仙臺主者　雷師皓翁　雷公　蚩尤
飛廉　霧毋　風伯　雨師　豐隆　屏翳　巽二
滕六　青女　日使　月侍　五大相　五夫人　陀
羅　擎羊　雷霆火部將吏　驅魔將軍　天曹威烈
王　地曹官王祥　人曹官魏徵　五方雷部判官
三垣官吏　掠剩司大夫　掠聖司大夫　天罡　地
煞　策疆　開路神　鶴神　斗部諸天君將　斗中
三眞二使　御車七子　六十甲子値日功曹　十二

宮辰　衆星蜷䵵　九天碧霞元君　衛房聖母　托送監生穩母　護

諸童子㜷壇神王一十五種部衆　先天痘瘡神君五

方發花聖衆　太微左宮御史　管修條　太極真人　王忠　太凝真人　鮑

丘　掌綸真人　九烈君　金童　玉女　托塔天王　降魔那吒

普天神將吏兵　統領諸部靈官大將　三千鳳嘴

銀牙官將　百萬虎首貔貅吏兵　西河大將吳剛　五方

五道將軍　銀漢中通靈天狐聖衆　天馬御監　水、

草馬神　駕馭麟鳳鸞龍靈衆

玉帝遣雷部律令神效力迎請木公授籍一秩曰凡靈獄

名區洞天福地先進後進有職無職諸眞悉在其中照籍

一　二　三

敬請可也律令接而展覲

海中三神山

蓬萊山　大仙伯太原眞君　茅濛　太原毛夫人　東華玉女　郭勺藥

所治　運化眞君　方子春　感應眞人　蓬球　方壺　九華安妃

綽約侍女　錦橋　員嶠　青帝九炁木德天君　勾芒　九源丈人　衆職

方丈山　照靈李夫人所治　飄颻侍女　隱暉　度朔　殺鬼大將　神

茶　縛卯大將　鬱壘　審音眞人　成連　子春之徒　善音眞人　俞伯牙　知音

眞人鍾子期　俱成連所度　賞音韻士

滄浪山　雲林右英王夫人所治　王母第十三女　翠華　萬貴玉女　吳

彩鸞　掌水籍仙衆　洪範眞人　郭叔　箕子

海外高眞

一　二　三　四　五　六　七

十洲

瀛洲
長子清瑩眞君　名玄載
靈壽仙伯　韓終
知柔夫人　黃景華

玄洲
二子清還眞君　名玄德
玄洲眞君　姚坦
太極中候大夫仙伯　蘇

林
導引眞人　黃泰
宮眷

長洲
三子清光眞君　名玄存
高平仙伯　石坦
宮眷

流洲
四子清輝眞君　名玄希
永興仙伯　上成公
宮眷

元洲
五子清耀眞君　名玄則
廉清仙伯　王剛
倡羿元君　王曾連

無弦夫人
萼綠華
宮眷

生洲
六子清凝眞君　名玄暉
廣識仙伯　黃子陽
宮眷

祖洲
七子清朗眞君　名玄成
廣則仙伯　李少翁
知與眞者人　公玉

帶　宮眷

炎洲　八子清昇眞君名玄功　秉直仙伯陳永伯　姪僧旅

淩霄　宮眷

鳳麟洲　九子清度眞君名玄秀　變現仙伯郭志生　宮眷

聚窟洲　東海眞君霆眞子　順承夫人郝姑　洽神仙伯弦超　奇遇眞人

成公智瓊　宮眷

十大洞天

王屋山東北仙官洞天　澤州陽城縣　普化飛陽玄覺眞君張果　夙緣元君

韋氏　恒心文人王老　尋源眞人阮基　勇猛仙官崑崙奴　仙官

吏衆　西南清虛洞天　懷州濟源縣　清虛眞人王褒字子澄　司香

侍女華散條　隱節侍女李明兌　吏兵佛屬

二
委羽山大有空明洞天　台州黃巖縣　慧空胤隆眞君　夏啓　大顯仙官

劉京　無垢仙眷　魚道超　離垢仙眷　魚道遠　烈行眞人　朱仲　慈仁

眞人司馬季主　楚南公　養康子　法涓　自安女　濟華　知愼眞人　王

生　決裂司神　孟涂　先有司

三
西城山太玄極眞洞天　一名紫陌山上有七十二洞屬隴西河池　五虛明皇天尊　王

瑋玄　即金蟬子然燈佛　西城王君王丹　廣信道人　封君達　孝感眞人　皇甫隆

武威眞人　劉子南　自修眞人　孔元方　甘霖眞人　馮遇　仙官吏兵

四
西玄山三玄極眞洞天　即驪山開內慶山縣　玉晉妙眞天尊　驪山老姥

靈蜚貞姑　載意　壯文太史　劉向　邁倫眞人　矯愼　馬牧先生　馮瑤　論成

五

眞人李靖
眞人張卓

青城山寶仙九室洞天

應化郎宮七聖
曲度眞人李意期

六

天台山上清平玉洞天

靈王
大有元君西梁子文
屬清名稱
人

總武眞人李筌
眷屬仙官等衆
應生眞君趙元陽
精進眞人古強
太上處正母后
屬臨
屬誼名行
捧花玉女何鳳兒

奇偉將軍阮翁仲
劍南盤龍縣
小西城
有常太弟司壽
名梁即二十八宿之王梁
屬般名政
玉霄參

陽仙山
灌口
清源妙道眞君趙昱郎氷李
應耀眞人姚光
含暉眞人宮嵩
靈化眞人徐佐卿
芙蓉城闕仙衆
超寰大覺教化眞君王子晉
太上資本
靜持太妹觀香
鏡心妙阮太玄
屬將名易
寂虛仙姑焦靜眞

洋州
嘉會

屬雋名順即管城子
屬仁名鄭郎腔鶴仙
沖虛羽士薛季

佛祖統紀卷四十五 一衛 五

昌 候選道侶 雲鶴

一 羅浮山朱明耀眞洞天

禎州博羅縣

妙覺抱朴眞君葛洪

悟靜上殘元君

鮑姑

壯忐眞人黃野人

修神祭酒葉靜能

敦煌居士李鶮

八 茅山華陽金壇洞天

茅州

聖曾祖常平恭道眞君茅偃

聖祖德信悟道眞君

聖母集眞元君許夫人

應化紫元眞君茅固

茅熏

聖父潛心眞君茅祚

應化少元眞君茅衷

紫元夫人

少元夫人

上清眞人許穆

循行眞人許玉斧

玄清眞人楊羲

明歩眞人鳳綱

載清眞人王篤

原始眞人趙瞿

存仁眞人任子季

龍文眞人趙他子

洞鑒眞人移門

子

中孚眞人林子明

景明眞人陽林子

善處眞人杜子陵

九 包山佐神幽墟洞天

蘇州洞庭西山有林屋洞

佐理中監明辯眞君林威丈人

即韓崇來往
太霍山洞
周隱遙
丞保命
馬城宮
趙叔達
至誠道士曹洞玄
遵民
西山舟里村
和心真人

括蒼山成德隱玄洞天

括州雲縣 縉
玄化總真真君
王方平
涂塵真人通道刺史

廣延太尉
陳耽
太微右御史
葉法善
壓臺郁督
重

蔡經

慧明
守玄司馬
仲容
儲眷鶴

三十六洞天

大峨山

靈虛太妙
嘉州

太乙宮眷嬪妃

長子仁真君
晉煥

小子碧海
出納

侍晨普章
太瓊
往來瑤池

曠觀元侯
季達

採奇使
副
邦子

孝真君

侍郎
喬君
貞固真人
姚真卿
高隱真人
褚如一
總持大師
林澹然

楊朱
真童傃使

西土萬壽山庄
鎮元大仙
清風
明月

二　三　四

中峨綏山

廬山

洞虛詠眞

眞人匡續

楚康王

眞人廬溫

大圍山

長生

灊山

天柱同玄

元放

田宣

好生玄上大明夫人

舒州

任俠眞人葛由

江州彭澤縣

濟寧眞人匡志

生膂眞人匡智

諸高隱

果州一名大方

馬頭娘

玄會眞君

知天眞人殷馗

藝能諸士

彩霞夫人班孟

靜玄眞人匡俗即玄俗

濟國眞人匡扶

膂區郎姪大郎

飛黃明化眞君

廣衍眞人蔡長孺

赫胥氏

知地眞人李定

眷旅徒衆

濟治眞人匡世

河間郡主

清治眞人薛雄

馬鳴生

卽蠶叢

果敢將軍朱遵

潛山眞君樂子長

知人眞人徐太極

解脫眞人

濟時

沉潛

北極眞君陰

永度眞君左

澄水眞人

五　六　七　八

太白山
眞德洞天　稷州
如如洞玄眞君　仇生
聖種元君　昌容
諸眷屬
樂善眞人　谷春
廣法眞人　張方
合道夫人　褒女
應王眞人　棠
君
應霸夫人　陳寶
煙霞隱士　田游巖
眷屬
陳倉山

赤城山
上清平玉　天台縣
妙樂眞人　劉晨
折
妙彩眞人　阮肇
鮑叔陽
妙樂夫人　麗英
妙彩夫人　霄貞
先覺眞人　陳安世
次明眞人　權叔本

丹池山
修齡尊師　蘇魁
復初大夫　唐臣
學人
極沖太元　剡城縣
清境凝玄太平眞人　于声
尚文山人　瑯琊　王抗

金庭洞
遊藝山人　褚思莊
丹池
得心山人　夏赤松
琴師

爛柯山
青霞洞天　衢州
開靜五光明霞眞人　鄭子華
名璧
用欽眞人　張季連
名巨君
心閒眞人　謝稚堅
月空眞人　張兆期
奕士

九

四明山

丹山赤水　姚州　八素真人　周亮　恭順真人　潘師方　恭謹真人　潘

師遠　宗正真人　吳筠　討玄真人　尹愔　悟真真人　何思遠　尋真真人

史崇恩　規正真人　尹崇　昇理真人　秘希言　勇退七公　張翰　肥遯

公張踶　逸民

十

父

石門山

玄鶴周天　青田縣　存慈弘宣秘錄天師　岐伯

卬長桑君高和范

谿陶朱公孟岐桂

鷲世神應王　扁鵲　即盧醫　和緩　立化真人　徐灣　握法真人　徐凱

十一

仙官吏兵

會稽山

極天太元　越州古防山上有陽明洞　平成大德神聖水官大帝　夏禹行宮

道存隱真元君　后娃　馭龍大使　范成光　都功仙官　介琰　苑紹仙官

兮象　禹穴　賢良真人　杜昇　釋義真人　駱廷雅　樂山真人　管霄霞　樵風

涇
孝正大夫 鄭弘
若耶溪
妙舞仙姬 施夷光
清語神女 鄭旦

苧蘿山
點奉大夫 鍾離意
矯如將軍 李子蔑
士夫

十二 西山
天寶極玄
洪州
凌霄眞君 梅福
汝南偕隱 表夫人
在功眞人 子勉

在行眞人 子勵
浮玉洞
汲丹眞人 陳生
生水潭
識隱高人 沈彬

發懷幽人 胡惠超
闡潭仙轄

十三 岷山
川源江領
茂州
先天承夫嫩法皇人地祇
后土夫人
克期霔值星君
十二大

地支
崇行高仙
悉詣
無匹高仙
九靈
景武高仙 老龍吉
導引高仙

漶老
蒙玄眞伯
尹希
古冷仙

十四 玉甑山
白玉洞天
求森樂清縣
洞靈眞人 邢和蝶
羅陽仙官 王表
峰上

仁讓眞人 王玄眞
先長眞人 朱孺子
全眞鍊士

十五 鬼谷山

太元思真 雲夢

洞陽真君 鬼谷子 即鬼臾區

廟箕真人 孫臏子 即武

歸正真人 龐涓 即雒鄜

騁才真人 蘇秦

運策真人 張儀

善陽真人 金馮

十六 武夷山

昇真元化 建州

太清三峯真君 景明

彭祖 即彭宗人 彭氏老彭

清寧元君 太

姥即采女

永治真人 武君

充贊夫人 盧全妸

太陰

永平真人 夷君

克襄夫人 盧紀

善推大使 章亥

善步大使 堅亥

浩敵女使 謝英妃

十七 玉笥山

太玄法樂

巴丘縣

元慧真君 紀后

玄元真君 崔汪 字無斯 斅又

真人 蕭子雲

光明真人 陰鏗

騷人墨客

十八 華蓋山

容城太玉

東嘉

司命真君 魏王子騫

保生夫人 大魚姬

四

玉清洞

化度真人 張湛等十一位

探勝名公 謝靈運

子眷屬

佳文高士 謝惠連

青山隼士 謝朓

幽人

十九 蓋竹山
長耀寶光　台州
太極左公紫玄眞君葛玄
守中眞人葛存眷屬
光大眞人　白仲都
莊敬夫人　屈氏土女
貞女

二十 都嶠山
寶玄洞天　容州
太玄志堅眞人　華子期
志霄眞人　廖冲
極危眞人
廖扶
致治眞人　廖平
眷屬

二十一 白石山
瓔秀長眞　潯江縣
隱明通文母初眞君　白石生
即永石公焦先
無我眞人
趙廓
開迷眞人　劉劃
覺光眞人　劉惇
歷境眞人　杜子春

二十二 勾漏山
玉闕寶圭　梧州北流縣古交州
玄通眞人　鮑靚
眷屬
韜晦
成美眞人　鄧嶽
得度眞人　徐寧
誠敬洗夫人
眷屬

二十三 九嶷山
朗眞太虛　永州泠道縣
推讓大德神　虞舜行宮
諸臣
堅地官大帝
工留守
合德眞人　沈文泰
和義眞人　雙襲祖
解難眞人　章昉

終慶眞姑曾妙典　自牧高士奚文學　專一夫人王妙想　九嶷眞人韓偉遠　諸姻婭

二十四　洞陽山

洞明隱眞　潭州瀏陽　廣應玄義眞人蒯子訓　廣德高論眞人張機

不偏眞人羊權　處德眞人羊欣　向榮眞人張玄賓　軌天大夫高翻

北陰大夫黃泓　里玄大夫徐光　學優靈士

洞眞太虛　岳州溳昌縣　洞玄縛妖眞君劉綱　神威斬魔元君樊雲翹

二十五　幕阜山

諸眷屬

通神元君東陵聖母

幕阜洞眞。盡日夫妻常演法。通神聖母調停。

辰盧二酉。連宵兄弟互翻書。善卷傳文資益。

太白山。在府武功縣南九十里。山極高。諺云。武功太白去天三百。上有洞。即道書所謂第十一洞天。宣史爲第五。必有自據也。更俟詳審君子

△〇律令遍招八海賓　△〇漢壽獨請西方佛

二十六

大酉山　大酉妙華　辰州盧溪　文明真人　大酉　文朗真人　小酉　博文真人　善

卷　天齊山　文闕真司　王瑯　廓落末真　文廣通　諸博士書生

二十七

巫峽　金庭崇妙　夔州　雲華上宮夫人　宜意玉女　陵容華　大力真王

巨靈　協力正神　五丁　明月峽　得中之神　狂章　得朋之神　黃魔

黃牛峽　得合之神　虞余　得順之神　大翳　空舲峽　得勝之神　庚辰

得恢之神　章律　六神佐禹治水者　三峽部衆

二十八

麻姑山　丹霞洞天　建武　慈惠發祥元君　麻姑　賴善將軍　麻狄　諸眷屬

鈞翼夫人趙氏　慎始夫人方氏　程偉妻　諸婘[illegible]

二十九

仙都山　玄都祈仙洞天　括州縉雲縣　玄都摠烏真君　徐市　徐甲　諸眷屬

三十　三十一　三十二　三十三

青田山

誠意總管　梁姆

青田大鶴　僊丘

眞人　阮丘

侗儻眞人　徐道盛

青田縣

禁橫眞人　嚴青

玉鼎定慧眞君　務光

純孝眞人　嚴寄之

諸子女

家人

高蹈不言眞君　卞隨

知後眞人　尚廣

諧磬

鍾山

朱湖太生　阮孝緒

子眙

昇州

遁通眞人　支謙

先知恒濟眞人　桓闓

武莊討邪尊神　蔣子文

靖忠眞人　卞壼

奉孝大夫　子昣

報本眞人

盡孝大夫

紫蓋山

明來眞人　邑謙

紫玄洞照

袁州康樂縣

執中眞人　駱達

古愼言人

赤龍明王霹靂眞人　伊用昌

本濟夫人　鄺氏

良常山

諷御眞人　巢元方

良常方會

一成眞人　謝仲初

俠士

茅州

普慈傳教元君　諶母

妙行眞姑　劉仙姑

晋同眞人

沈建

前山

虛徹仙姑　孫寒華

四鼎山

深密從事眞君　徐景休

三十四

天日山（一名浮玉 臨安縣）

黙昇眞人 虞巡
載覺眞人 周爕
戢悟眞人 馮良
丹客

太微玄蓋
大惠眞人 成公綏
中靈眞人 綏郡

凝暉眞人 賀道養
欒褜眞人 嚴晉卿
和中眞人 徐道度
智達行士 嵩

頭陀 僧海緇流

三十五

桃源山（朗州桃源縣）

白馬玄光
居安眞侶 駱法通等
明
廣惠司命眞君 燧皇氏（燧人）
良佐眞人 明田
達佐眞人 必育
自得眞侶 孔丘
明佐眞人

成博
賢佐眞人 隕丘
監齋大神
進火神母
佑火童

子
水穀諸神

三十六

金華山（金華洞元）

婺州
玉京開化眞君 赤松子
即雨師黃石公 黃初平
宣化眞人

公明子皋

桐君山
慈海眞行 桐君
輔成元君 女華

富春山

高介真人嚴光　從正夫人梅真妃

仙媌輯

七十二福地

一 太乙山 在關內一名地肺吳楚亦有肺藏萬為華蓋有俞相通雖萬里必貫 太極左功清華開化真君 金闕上卿鍾離權 清華應命真君鍾離簡 知機真人路大安 轄道真人方儲 沖虛道士梁諶 祛邪判官鍾馗 諸從使

二 大滌山 餘抗 元輝真君許邁 即許由 至感真君郭文舉 再同真人山圖 恬澹真人戴孟 即樂長治 有光真人毛伯道 多方真人劉道偉 金華將軍走卒

三 峽山 一名清遠清海政寶縣 重玄真君軒轅清太煥 往來瑤池 又玄真君軒轅萬陽太英 往來瑤池 誠感真人董永 正誼真人董仲舒 大儒

四　五　六　七

白安山
梧州
玉山紫
館眞君
王倪
中央氏中皇中
黃有黃黃安
太眞
往來
瑤池

逢合
眞人
尚子平
同志
眞人
禽慶
知玄
眞人
全元起
明醫

仇池山
渭州同
谷縣
洞明無上清眞文始
先生元巾大法師
尹喜
令爲羅
公遠
少微不鱗

酈天順
德地后
莊元葛
合宅眷屬仙士
三天太
和眞君
尹軌

眞
人
王嘉
文會
眞人
甘始
連理
大夫
韓憑
高飛
夫人
何氏
節婦

具茨山
汴州新
鄭縣
無爲憑
妙眞君
黃蓋氏
通慧
眞君
罷子
東皋
眞人
禽

滑釐
心道
眞人
公上過
雍容
夫人
女偊
非非
眞人
卜梁倚
大學

眞
人
南伯子葵
魁梧
神君
武羅
搜神
史官
干寶
良史

高蓋山
福州
凝神映
彩眞君
容成
天公
劉
越
太武
往來
瑤池
感興
貞士
謝

端
素衣螺女
金鰲島
贊皇嘉
謨眞人
徐洪客
審局
眞人
張仲

堅　虬髯公

青嶼　東海

水師真君　劉琮

諸眷屬

神開道運上輔真君　一眞　即姜尚計然[illegible]貸李辛文子鈃

法力無量真人　涉正

齊地

永齡真人　巫炎

嘉慶真人　寶子安

明和真人　馮伯昌

交相真人

馮鳴　即騎龍鳴

弘治真人　吳子英

慶寧高士　逢萌

介修高士　管

勞山

寧

進修高士　邴原

德修高士　王烈

樸存學士　雍門周

奮威神王　滄

海公

陳人

黎勇　力士

郁木坑　巴丘

太玄陽生真人　蔡瓊

文學真人　鄧種

行妙真人　屈處靜

赤水　西梁

一宗處先真君　壺丘子林

內修自在真君　尹文子

定理真人　老

成子

慈力真人　甯宗

先賢儒

丹霞山　昭州富水縣一名白雲山

東華齊陽啟元帝君　李凝陽　即征神氏鐵拐李

丹霞

十二

羽士張文君

潘山

名教與行眞人潘茂名道士

君山

岳州中元節烈湘君娥皇

二品順正湘妃女英

孝烈皇后孫氏

正廉

大夫甘卓

賢德宮娥

才能官吏

十三

蕉源山

建陽縣

靈虛眞君壺公

施存懸壺先生蒯元

自寬眞人沈楊安

遠志

眞人張定

皞皞眞人褚伯玉

勤功眞人費長房

黃鶴天師牛文侯

十四

靈虛山

南州豫

玄明化眞人寂

丁令威

湖微眞人戴洋

派化眞人瞿硎

子

三命眞君徐子平

忠勇太守賈雍

勇士

十五

沃洲山

越州昌縣新

姒勝眞人辰放氏

風雅和尚支遁

素望先生戴逵

文若先生許詢

耆宗先生王羲之

坦然國老謝安

設教先生雷次宗

樂眞先生劉遺民

藍智先生宗炳

聖脉先生孔淳之

高蹤先生戴顒

諸徵士眷屬

十六 天姥山 越州

凝寂元君 韓太華

杏樂夫人 李凝姬

怡神眞人 薛鍊師

憑虛眞人 孫遊岳

融通士

十七 大伾山 黎陽

慧炬上靈眞君 嘯父

馴龍眞君 師門子

翊爽眞人 揩生一

善變眞人 趙侯

妙相子 東郭延

諸技能

十八 金庭山 盧州一名紫微山

金庭洞

畢林眞人 王行

王喬洞

白鶴道人 王

赦

龍穴山

飛天龍神 張路斯

疾行夫人 石氏

九子別居

族類

十九 馬嶺山 郴州

陽燧眞人 周昕處士

丞玄寶丹眞人 蘇躭

眷屬

萬王城

掌樂長君

萬王夔

二十 姑射山 晉州

大凝至靜元君 藐姑

諸女眞

仙徒嬸𧫵

曾涔山

二十一
二十二
二十三

重上
大王趙襄子
門客

龍門山
蒲州
秦州
蒲州與
秦州通
濟生上
化眞人

馬啟
文巾
大儒
王通

東皋
居士
孫思邈

熊耳山
陝州

上元無
極元君
聖母

房聖姥
尚衣
夫人
宋辟非

耿純臣
探珠
眞人
姜訥

鵝羊山
潭州

太虛
介大
宮介
高眞

即晨
門

巢父

清明
高眞
雄陶

尚眞
伯陽
荷蓧

見道
高眞

方回

舌耕
高眞

東不訾

長沮

靈甫

接輿
陸通紫虛

上人
褐袍隱翁

知隱
夫人

傅言
玉女

王績

循環應
數星君

整師
大史

裴兵曹

十大天干

己降諵
於世

文人

廣博
眞人

司馬遷

紀離容

明易
眞人

嚴傳平
即君

即儀
封人

心耕
高眞

妻索

無心
高眞

續牙

秦不虛

禁溺

靈數
術士

王見

碧霞衛
元君

乾度
太史

紹文
眞人

許由
大條
荷山
蕢

道在
眞教
知正
學人
眞現
人
知槻
人

五

杜昺
清忠大天褚遂良
離塵上人姚泓
隱眞

二十四 陶公山
瓔州
靈羽化升眞君 寗封子
騰霄眞人陶安公
清琉眞人任敦

長發太母 黎母
衍廣靈人 九子
平南將軍 路博德
伏波將軍 馬援

二十五 碣石山
平州
六合吉神 泰逢
降龍眞君 琴高
高誓陵陽
子明被誦

雄伏眞人 邵平
即燕 昭
種玉田
惠廣眞人 陽翁伯
酬惠夫人 徐氏

大翮山
文郁眞君 王次仲
書法眞人 程邈
飛黃子
優游眞人 王傅

蠼轉眞人
神精
再世曰
薛容

二十六 仙巖山
溫州瑞安縣
雷尊行宮
鞠聖太父 敎昆
育聖后母 附寶
嬪妃仙

經綸導妙元台 嫘祖
裕後聖妃 女節
文意聖妃 彤魚氏
賢德聖妃

眷

嫫母
諸子
宮屬

二十七　太行山　晉絳　寂照眞人　負局　文摯　扶危眞人　陽勵即勵陽公陽慶　眞人　吉善　行　次公低　介子推　吟風夫人　石尤　素操使者

二十八　芹溪　建陽縣　朱明眞君　馬榮　今在南洲爲帝　宸章眞人　韓越　劍池　龍光大夫　干將　霓光夫人　莫耶　劍客

二十九　白源　禎州　玉華貞隱眞君　陶弘景　倜儻眞人　蔣負　持久眞人　薛彪之　幽靜公子　陶籍　德裕尚書　顧歡　道德七

三十　逍遙山　劔南簡州　青華眞君　槐侲佺　即蒲衣子　雲陽氏　里開人　觀象大使　李郃　白鶴山　貫日大夫　李固　玄學眞人　胡　即安輅　令眞接　段翳字明　人正

三十一　玉蟠山　東海蓬萊　慧通眞君　曾班　即大庭氏　黄初靈心元君　雲　運神　巧妙工師　倕　明修侍郎　西門君惠　明欽侍郎　薄姑延之　蘭香　氏　即惕曜先至

三十二

三十三

起闢天爵

供奉
蔡元暉
諸巧工

龍虎山
信州貴溪縣

輔元演教正一靖應眞君三天大法天師
張道陵

子
玉
昭達靈化

元君
雍夫人
贊善三姑
賢姬

安行眞人
次子擢
懲愚四姑
芳芝等仙眷

令終元姑
女文姬
合屬官將

敬本次姑
文光

靈山
信州

開緒善嗣
安師
張衡
素一夫人
盧夫人
金經妙香眞姑
玉蘭

歸命順天系師
張魯
同政眞人
衛
混混眞人
傀
見機眞人
閻圃
辭讓眞人

淵
四代闡範眞人
盛
五代神遊眞人
昭成
六代戒心眞人
椒
七代惟一眞人

回
八代蕩蕩眞人
迴
九代達時眞人
符
十代度幽眞人
了祥
十一代沉默眞人

人
通玄
十二代覺眞人
猛恒
十三代虛眞人
清光
十四代施眞人
好慈

王
靈頴眞人
梧等眷屬
法師
提點
主事
官吏

三十四 **閤宅山** 豫章清江縣 九州仙都高明太史中玄妙行眞君許遜 眷屬諸弟子

三十五 **金精山** 虔州揭陽縣 南華秋水昭度眞君 東方朔 莊周 黃眉神翁 張夷在天爲歲星 方面聖嫗 田氏 凡具夙根者

三十六 **始豐山** 南昌廣豐縣 廣明至行直牧神烈眞君吳猛 大寬眞君 父 永寧元君 母 承應元君 夫人 承孝眞人 子鏡 太遇眞人 馮伯達 至威

三十七 **鉢池山** 楚州 畏壘撟 謙眞君 亢倉子 庚桑楚 洞霧眞人 南榮趎 高勝眞人 清平吉 衛平 德隣眞人 朱璜 諸善類

三十八 **金堂山** 劍南 紫陽上道眞君 李八百 即魚鳬 妙應明香眞人 李眞多 即望帝

威鳳山 伏虎眞人 張伯子 上登夫人 諸葛果 孔明之女 世德女

三十九 **毛公壇** 蘇州洞庭東山 體玄眞君 劉根 慧鑒眞人 姑布子卿 嘉惠眞人 徐

之才

（嘯雲洞）慈教真人 沈義眷屬　依仁真人 懷喜

真人公孫聖　卜博山人 吳泰　神算手　（陽山）悲果

四十

張公洞

常州義興縣

忠孝真王 周處　神火太姥 梁母　利器大王 歐冶子

新鋒神仙 風胡子　神技大仙 支離子　林勇

四十一

桐栢山

台州台縣 天

碧虛真君 王興　天師父桐栢真人 張大順　天師母 摐

鶴仙人 林元君　盡善真人 賀令思　高懷真人 吳嶠　潛夫

四十二

雞籠山

昇州

弘仁度厄 通明天尊 浮丘翁　即神農炎帝 鄹䤳翁藥王　應離元君 莽水

長沙真妃 尊盧氏　無極至人 少典國君　原本太后 有嬌氏

氏

少陽真人 最共　平魔明王 雷使　斬妖大人 環衛

平都山

南平鄹都縣

一明至治化人 赤須子　明晨侍郎 夏馥　善端真人 庮

四十四　四十五　四十六　四十七

舉　翰光眞人 許須　紫陽眞人 山濤　諸郎君

綠蘿山　朗州桃源縣　廣濟眞君 玄 魏伯陽　中大法師　化道眞君 淳于叔通

碧毛仙人 秦精　掌籍仙長 黃道眞　諸仙氏

彰觀山　澧陵縣　權實洞玄眞人 尉繚子　即司馬徽　善辨眞人 王欵　小別山

品高眞人 谿父　遺安上士 龐德公　眷屬

抱犢山　昭義開縣 壺　無量生眞人 濟 寒衰　即馬師皇　楊上善　化境度世神醫眞人 華

陀　心恒上士 李當之　心專妙手 吳普　心誠醫國 汙龠　紫微中散大夫

嵇康　先知眞人 王烈　慶雲山　仁智聖天　大德神官大帝 唐堯　下都

大面山　劍南　翊運眞君 鷁芭　袁天綱　三命眞人 王褒　掌文眞人 赤斧

通靈正神 金馬碧雞　綠來眞人 龔仲陽　從寧眞人 子柱　興義大夫 章

君明

雁門山

立岡眞人范長生　見明眞人龔壯　傑士

四十八　虎溪　九江湓城縣

清靈眞人裴玄仁　四明眞人陸修靜　靖節高士陶潛

淨屠道人慧遠　智圓眞人陳道沖　諸高隱眞上士

四十九　玉峰　河中

成化眞君皇甫君即犢子名訥　濟眉夫人陽都女　素蛸

吏兵諸人

五十　藍水　藍田縣

慧道眞君俞跗　化育眞君少俞　裁成眞君伯高　天眼眞人

尹思　壽安墨石山神

五十一　元辰山　江州都昌縣

静行眞人韓康　不惑至人鼎師　浩然化人師主

志道眞上辛靈　達者

五十二　馬跡山　饒州

至孝清響眞人王遥　憑虛眞人董幼　明德眞人王纂　天道

眞人裴諶
金剛上人稠禪師即楊堅老
君篤龍
行僧
香
士知理

五十三 德山 武州
元一眞人齧缺
何侯
普同眞人姜伯眞
繁陽眞人朱庫

五十四 石印山 和州
通玄洞慧眞人郭瓊
敦倫眞人顏含
正德眞人鄭堅
龍眉山
烏江
眞人孟思期
好學先生
諸生徒
達命眞人子主
威靈霸王項羽
部將

五十五 商洛山 洛州
東華少陽帝君
東園公
唐秉園公
中華黃龍眞君
夏黃公
王玄甫
朝陽眞君
舟里先生
周述
乾道眞君
綺里季
資
太極上卿
三天
崔廣
誨機法師
虛眞
即馬丹
馬成
掌曆眞人
唐都
總數眞人
洛下
冲人子
列子
子奉卓子侯
高行先生
鄭子眞
佐數眞人
耿壽昌
老先生
闕

五十六 大隱山 常州
與鑑眞人郭璞
即卜偃
肅遵大夫子鑑
闡法明師
徒陳訓

甕山

覽源仙姑鹿娘

酒泉太守杜康

青州從事杜茂才

守義郎梁山伯

鍾情女祝英臺

忠烈上公陳果

散人

天柱山 餘杭縣

東華青童上清正一

上柏眞人司馬承禎

乘時眞人陳文子

一新眞人杜昜

悟性夫人馮氏

纘緒眞人杜該

神授眞師陳音

陶情

餘杭酒母 母能釀酒抗以渡人

夫人卒登仙跡遠違塵俗猶不免爲揖讓拜跪未[redacted]處散地者之囂囂何如有爵者之僕僕也。太眞經云，三清之間各有證位，聖登玉清，眞登上清，仙登太清，如孔門之四科，佛氏之三乘耳。雖然殊途而歸毋自巽也。既次爲洞天福地，自有仙眞居守，司牧羣類附焉。向之羽流瞻禮朝天懺，但知仙官吏兵，而不知有主宰者。讀此益見莊嚴。

△○上天星辰連袂來

△○五嶽君相接踵至

五十八 魚湖洞 朗州

華景高旻真人 衛叔卿

始覺丈夫 度世

奉命郎君 梁伯

存真真士 董京 先知覺

五十九 中條山 晉州河中縣

九天掌法十地玄母

演教大元尊 薛真陽

通靈神君 孫博

仁義討正真君 湯武子

天樞上相佐正真君 伊周子

孔明將為韋皐

神功元佐天師

天樞上相 風后 即張良

青龍神君 王常

通天神君 狄去邪

飛靈神君 歐

陽生

園練夫人 凡

薛冶兒

弄九夫人

袁紫烟

吏兵傔從

六十 蘇門山 衛州城縣

妙有真君 王真

玉峯夫人 三小妾

松陵孫登 高仙濟生保命真人

持正真人 糜長生

調音真人 周太寶

樂清真人 姜叔茂

周壽陵

功德真人 李方回

救度真人 東晳

高隱賢

六十一

綿竹山　蜀錦江

啟運眞君大撓　李淳風　大聰眞人崔瞿　廣容眞人士成

綺

大聞眞人柏矩　妙應眞人李播　夫人姻春

六十二

瑰山　漢州

廣運大明眞君元兆　太極右公寇謙之　威世眞人范豺　在德

眞人陳忠　法則眞人陸法和　玉泉山　昭烈皇帝劉玄德　盪魔眞君

關雲長　忠顯桓侯張翼德　順正將軍關平　歸正將軍周倉　忠

義將吏

木公更囑曰，漢州玉泉關羽爲護法伽藍，令其轉逕上方

古佛西域釋迦等衆，

六十三

甘山　黔州

青陽眞人欒巴

蔡蒙　寧遠眞君二山神　夜郎思王竹王

萬安溪　超世眞人孟節　同知

六十四
北邙山 東都
運明太極皇君
女媧氏 皐祺神媒女皇
夸父山 飛空履夸實眞人

父 鳳義眞人
威子伯
修積眞人
田諷
氤氳使者
月下老

人 守厠正神
何婿
諸娘娘

六十五
武當山 均州
玉虛師相眞武行宮
明眞聖父大帝
静

樂聖母元后
水火二將
玄武騰蛇
玄天二女
旋波惠 提謨一嬪

眞人魯肅
合屬官將

六十六
女几山 東都陽州
妙樂眞人
女几 張湛之配
貞一元君
王惠風
侍正田 夫人

六出 師古眞人
李充
獨立眞姑
綏仙姑
南陽山
感穹高士
樊英

六十七
少室山 東都陽城
大清眞君
宋倫
郎王中倫
少室上監
范幼冲
吸室王仙伯

遠知 中庸眞人
鄭儉
先輩

六十八

金城山

武岡州，又名古限戍。

神目術士 萬皆春

白雲真君 石長生 即修羊公杜必

全泟真人 鄧郁之 即羊角哀

行方真人 周暢

遂義真人 徐靈期 即左仙桃

六十九

雲山

邵陽武岡州。

真人 侯生

澄虛真人 金申

漫遊先真 盧敖

得心真人 韓終

尋真

悟真真人 石生

伏機真人 蒯徹 辯士

七十

嶓冢山

秦州

作述大德神聖運明真文天尊 宛丘生 即伏羲周文青精先生東平生青谷先生

孝始

飛通真人 姜若春

元神 宓妃

諸宮春

華胥國

德倚天尊 華胥氏

道全元后 諸英

博聞真人 楊伯醜

善數諸子

誠毅端真

七十一

防山

曲阜。

孝悌明王肅穆真君 蘭期

丁蘭

丁義

廣衍真人 太倉公 淳于意

夫人 緹縈

正學真士 申功

孔林道學先生 諸後昆

諸高弟

確士 王軌

蒼龍溪主 歐陽通

修禮侍中 叔孫通

諸儒生博士

馬當山

九江洑州

福善安江澄卯明王

中源水君

智光眞人

王勃

幹蠱上人

李敬業

隱光和上

駱賓王

華蓋山

義濳眞人

王裒

肥遯眞人

郭

姒

潭州溫泉山

斷識眞人

張岊

眷屬

顯淸王君

長蘆神

神鴉

二十四化、三十六靖、二十八治、

各司牧眞宰童吏

中五嶽

東嶽泰山

蓬玄太空洞天、

東嶽太靈蓍光司命眞君

金虹氏

順天夫人

水一氏

天照聖父

少海氏

成祥聖母

彌輪山女

德度高祖

赫天氏

神功曾祖

胥勃氏

積厚聖祖

玄英氏

任天太伯

金輪王

威雄將軍眞君

第三子、宋曰炳靈公

子女仙眷

靈官吏兵

塤山

九天司命應化太元

眞君茅盈

造化尊神

黔雷

抱送貴子

高元師

七十二司眞官

清玉壇
泰山錄事孫珂
天光壇
修撰眞人崔曙
梁父山
法象眞人

許季山
五顯靈官
五瘟使者
諸令聞

中嶽嵩山

上帝司眞
中嶽黃元大光含眞眞君
惲善
金蟬氏少子
夫人宮妃

仙眷
靈官仙吏
嵩山伯
潘師正
太室山
玉林上相葛越

去巖仙官樊子明
法書太史張芝
雄飛眞神王猛
郎增范
少室山

徹澄眞人成公興
先達眞人成武丁
稽古鬼仙崔浩
至誠眞人韋善

俊
念茲眞人傅八史
諸碩德

西嶽華山

太極總仙
西嶽素元耀魄大明眞君
善坐
金蟬氏二子
夫人宮妃

仙眷
留守典祀金天王
靈官吏兵
少華山
清眞上相王順

即管城子天台屬隽
布霧仙官張公超
初醒眞神馬周
集陽眞人呼子先

補衮眞人　仲山甫　卓然夫人　酒姬　文彩夫人　西河少女　太華中陵王

籀史　史籀馮長　妙音夫人　弄玉　九蓮聖母　深遠霸主　秦穆公

保元夫人　穆姬　宮嬙　諸果藝虞人

南嶽衡山

朱陵太虛　南嶽慶華紫光注生眞君　崇覃　金蟬長子　開禮元君　衛氏

宮姬仙眷　靈官仙吏　回雁峰　分甘上相　梛融　朱陵洞

扶厄府君　崔珏　祝融峰　始音鍪陽眞君　祝融氏　浮丘弟勗眷屬

朱陵仙嬪　丁淑英　天柱峰　書記眞人　李洞叟　岣嶁峰　萬監眞司　蒼

水使者　泥元一烝眞君　先天瘟癀司　梅岑峰　能濟聖衆　武陽洞

地仙　說讖眞人　熒惑小兒　諸英彥行人

北嶽醫無慮山

太乙總玄　鬱做伺淵無極眞君　晨䓁　金蟬三子　夫人宮妃

仙眷 靈宮仙吏

十三山

成立上相王綱

恒山

渾源太極

眞人杜冲 即青烏公 同應眞人史蘇 司豈眞宰田祖叔均 勸善郎官解

瘟使者 北陰聖母 諸偉器

霍僮山

霍林之天、亦名南岳。六安 虢秀靈光元君魏華存 德元眞人舒 跣祥

眞人劉文 美中眞人子璞 素心眞人瑕 霍山童神子晰 義丈夫

四大名山

普陀

水向章 大悲靈咸善薩觀音 歡喜眞童善才 得陽眞姑龍女 鬭戰

勝佛行者 大生尊者木叱 火師眞君汪華 本濟夫人劉氏 能解信官

孫羲 震威靈神金毛吼、 白鸚鵡、

五臺

風慮虒、 大智師利善薩文殊 八威夫人封姨 大華尊者金叱 斷疑

靈神青、獅、 大行能仁菩薩普賢 縉雲尊神宋無忌 尊帽靈神白、象、

峨眉

火、南安、

九華

地青陽 大慈幽冥教主菩薩地藏 大孝尊者目揵連 樂施大士傅翁

十殿森羅王直慈王 秦廣蕭王 楚江曹王 宋帝廉王 五

官黃王 閻羅韓王 變成石王 泰山畢王 平等

千王 都市薛王 轉輪薛王 酆都鬼王 善林上士曇

遙 聰察靈神諦、聽、 無量鬼王 諸大鬼卒 掌

鐵圍山

案判官 萬里鬼大

四十名山勝景

雲臺山

額三官大帝行 榆宮考校之所 首治靈神黃、熊、 三百六十感應

…第三節 五 …藏

八有地肺
名延太乙

天尊　三元十天靈官神仙兵馬無鞅數衆　三元考

校曹官　糾察採訪使　解厄諸大靈官　當流將吏

洞山 汝州　大寓遂左真君有巢氏巢聖　巧匠　工師

荊山 南漳　滇正警化孚佑真君呂巖　餘慶真君延之　有慶真君渭　同宏真君

溫良恭儉　集慶真君讓　集慶元君王夫人　和平元君劉夫人

甲子真神　郴行蘿郭上　合族眷屬

首陽山 河中　避世清聖伯夷　敦倫清聖叔齊　貞隱高士

金山 丹陽　輔正大士霍光　能應上人裴頭陀　循良職事

焦山 丹陽　堅心先生傅陵　萬感真人唐若山　都道真人唐若水

雲門山 青州　東王公之九子下都　太學真人李清　大學真宰褚遂良

宋人眷屬

甘泉山
石門、數正眞君神民氏　達生至人紀㴢子　知機者

九曲山
梓潼縣演兵壩　初劫賦形長生壽母元君　聖祖母　儲眞衍慶天尊聖父
嗣慶儲祥元君　聖母　梓潼六陽帝君　在天　沖和洞妙元君　聖后　懿孝
萬壽天君公主　纘孝衍慶眞君　長子　循孝靜應天君　長婦　立孝司祿眞君　次
子　克孝嗣慶天君　次婦　至孝積慶眞人　長孫　昭孝夫人　長孫婦　順孝
襲慶眞人　次孫　毓孝夫人　次孫婦　桂宮內殿仙眷嬪妃　七
曲玉局眞靈司宰　大察天聾眞司　大辯地啞眞司　靈報眞仙　金
鸞仙乩　陷邪神眞　白、驢、雪精

八公山
居巢　矜理眞人劉賜　丹客鍊士

大劍山
劍州　匡周度世眞君司馬錯　戴果神將唐建成　戴毅神將李德

芟 載起神將 宋雲刀 兵吏

黟山 歙州一名黃山 見機行化眞君 曹德休 行人 智者

白嶽山 休寧 等聖先生 子華子 友聖先生 程本 博士

龍山 江陵 崇虛聖帝 少昊 均治良佐 四正 古司牧

大障山 績谿 曆宗聖帝 顓頊 混世魔君 三子 衆辟卿

瑯琊山 滁州 拼心聖帝 高辛 眷屬 治平靈神 獬弧

龍丘山 穀州 親民賢眞 龍丘萇 賢能 廉吏

古田山 衢州 絲綸眞君 朱襄君 雅韻 琴師

鶴鳴山 大邑 左玄眞人 王長 右玄眞火 趙昇 左拔眞人 王興 攝摩

雲臺峰 蒼溪 威功眞人 張守 通程眞人 王昇 白承眞人 李忠 知事

雲横山 義烏 天竺眞人 者域
祠山 水部員外郎 張渤 眷屬侍從

風篁嶺 餘抗 火龍眞人 鄭思遠
丹陽眞人 張大言 律師

桃花山 鄞州 天寧眞君 安期生 郎崔文子 羨門子
闕雯眞人 張巨君 自顧

眞人 董仲君 謁
亭臨眞人 李少君 諸方術士
潛惠眞人 彭抗 眷屬

南山淸水巖 泰和

青要山 南峪 掌栁眞人 鬼隗氏 異材

司𡾗國 流沙 首讓眞君 昌意 眷屬

劍池 豐城 識緯明卿 雷煥 合光郎官 子燁 烈士

武功山 江西 厲精眞人 施岑
洽治眞人 甘戰
辨邪眞人 胡應
飛臨眞人

鄧生 從事諸徒

洪陽洞 袁州· 自申眞人婁陽 澄清眞人武公 香水侍宸玉女

孟門山 慈州· 武功眞君犂靈氏 厥立天尸夏耕 武烈士夫

玉笥山 潭州非江西者 順濟公屈原 明潔夫人嬋嬃 孤忠亮節

石磕 天台· 神腕眞君 苗龍子·黃帝 善畫諸名家

華蓋山 撫州崇仁縣 威神眞君昆吾氏 劍俠

東白源 漢州· 和靖眞人盱烈 眷屬

西白源 黃巖縣 沖道眞人黃仁覽 眷屬

三皇井 東嘉 天眞鍾秀元君 雲林夫人 宮眷

清遠山 黃陽縣 碧虛大乙眞人董奉 公明眞宰杜爕 良醫

岐山 鳳翔· 東平先生蓋公 高雅諸士

芒碭山 徐州 高遠清眞 申屠蟠 緣靈眞人 朱寓 賢良方正

道君下都

東空同山 薊州 績密眞人 石叔門 逢時眞人 劉圖 隨處眞童玉女 正一道士

南空同山 虔州 黃庭眞人 王探一本作琛 西岳仙卿 李巽 永齡眞人 郭四朝 老明公

北空同山 平涼 弭侮眞人 張微子 陝西行都司亦有一空同與此山脈相通 太微仙君 尹澄 大法師

西空同山 臨洮 四川龍門亦有一空同與此相通 鎮寧眞人 張忠 知本金碧眞人 劉演字摩訶 抱一全眞

中空同山
臨
汝

育聖師曠郎伶
眞師倫

燭徵離婁
靈眞

司律六谷
眞人

理呂榮援
眞人

玄都諸曜天君

流星園
亳
州

始祖無上至眞慶寶
慈秡大道君

太保玉郎靈飛
精勤道君

北
元

中玄照靈
道君

玄妙無上聖母
仙道君

心印得傳段解
聖源道淑

太上二
十一世

孫得道令
守故居

九山

岍頭山
壺口
砥柱
西傾
內方
岐山
熊耳

太行
嶓冢

九皇氏各
居其

九川

弱水
黑水
河水
瀁水
江水
沇水
淮水

渭水

洛水　張路斯九子居之

九江

烏江

蚌江

烏白江

嘉靡江

沙江

畎江

原江

隄江

箇江　沙壺九子居之

四海

東海

滄寧德王　敖廣　眷屬　吏兵

南海

赤安洪聖濟王　敖潤　眷屬　吏兵

西海

素清潤王　敖欽　眷屬　吏兵

北海

浒旬澤王　敖順　眷屬　吏兵

黃河

澄靜尊神　河伯公

弘濟　陳平

靈馭大使　仝休

梁王滑之子爲河伯驂乘

遊奕大王　鎘池君　協雲大王　具區君　彭澤大王　青洪君　無達夫人　如顥　通神夫人　洛汭君　威嚴大王　涇陽君　一作涇川　入河都總管

司雨大龍神　癸源木王　八泉龍神　山不在高有仙則名、水不在深有龍則靈、

迅速莫過雷火、一鼓而六合響應、律令疾與相馳、故欲大會羣眞、非此何能遍達、以下皆仙史評

兩儀間之赤烏白兎、健行不息、莫可擬也、關公之騎白赤兎、却與日月分勝、此行當大展驥足、

上陽消以、丹成則身聖、陽神現爲眞人、陰魔鬼賊化爲護法神、身中能虎雀武、三魂七魄、三元九宮、八景八部、五臟八識、皆化爲神、三萬六千精光化爲神兵矣、由是觀之、奚疑乎洞眞之多也、一眞即有萬靈、當會之期、非此主人勝地、不能措貞

上天眞司、五嶽君相、此位何等久、占毋論學之後先、惟多功德能陟、豈容有財勢者、巧假夤緣、

遂丘奇果、三鳥瓊漿、主翁不拒來賓、那管人之貴賤、但有道行可嘗、寧許有權力者、橫行劫奪

○○○方諸會衆聖稱觴 ○○○資始堂羣真延接

長江

順聖王 采石君
昭信王 瓮江君
致勝王 鄱陽君 分勝

瀆王 青草君
金龍大王 柳毅
懷德夫人 龍女
景陽大王 洞庭君

習寧王 射陽君
景春大王 錢塘君
啟信王 丹陽君
忠孝湖神 伍員

忠謀汐神 文種
張威水神 陽侯
夏漫海神 海若
長流尊神 川后

督威濤神 波臣
上中下三水府吏兵

仙女都會

易遷宮
華陽洞
掌宜易遂大夫人 趙素臺
資政上公 父熙
執平大夫 弟阜

明晨侍郎 左 周爰支
德儀侍郎 右 張桃枝
等衆仙女

玄州
王仙道君
侍宸元君
王抱臺所掌以下通天仙妹

方諸臺　董教靜香元君趙愛兒　統領女眞仙衆　天龍尊神

貝丘仙都下院　總眞理應元君黃景華　黃瓊女、爲總教領九宮諸神女、得出入昜遷諸處

含眞臺　含眞恬淡元后　寶瓔英主之后、郎寶　操貞彩娥

十二溪　淑女文姬　一適道師長　仙女宮衆

四洲　天妃娘娘　子孫娘娘　頂上娘娘　眼光娘娘

律令飛行遍請不日回方諸復命、即上天繳旨玉帝會齊眞宰同駕祥雲海面映成絢彩光明世界、漸近廣桑守山神報入少陽宮木公領子壻徒衆、及三十五所司命、校籍仙官出迎須彌長離廣野、崑崙聖衆亦至、下寶輿金軿、揖入九陽殿敘坐左三清上聖右五老高眞、衆弟子參見畢、

玉女獻靈芽清露、各叙間濶、老君曰、蒙帝君見召、無以爲敬、向於兜率宮煉得萬壽金丹、奉添聖壽、隨命童送上琉璃瓶中、瑩煌文彩、木公遜謝、命童接取、玉晨命侍者上七寶碧霞道冠一項、元始送九龍萬壽仙衣一襲、玉帝是九天甘露百斛、玄帝是玄天沆瀣千瓶、文昌上東華至德頌一篇、用天孫雲錦書之、懸於殿上、衆眞讀而贊美曰、復見千秋金鑑錄也、忽聽金鐘響處、下方諸仙已到、容成王倪與九眞出迎、是三島十洲近處諸仙、伯進見朝參、各獻本山珍品、鐘聲又響、太乙居前、其次赤松黃蓋鎭元偓佺玄母死丘女媧浮丘紀后一眞三元五嶽湯武伊周等後面

諸洞天福地、名山勝境眞官仙吏海瀆江河龍神水伯俱
叅見坐下、四海龍君獻珊瑚四枝高逾九丈、木公命植堂
前、赤光四射、霞彩盈堦、八泉龍神獻女樂一部其餘諸龍
神執鮫綃明珠一片、晶光陸離、眩耀鐘復連響神荼鬱壘
進報西方諸尊已到、木公親自出迎、慈雲擁護寶蓋高擎
前行、護教關伽藍中間諸佛菩薩兩傍四大天王密跡金
剛哼哈二將韋馱尊天隨後、地藏三大士彌勒藥師接引
準提勢至定光普照王十大弟子二十諸天十八尊者五
百阿羅漢西域諸王子衆沙門伽藍揭諦西方二十七祖、
乃迦葉阿難商那毱多提多彌遮迦須佛陀伏馱密尊者

富那馬鳴迦毗龍樹王迦那羅睺僧伽伽耶鳩摩闍夜婆修摩拏鶴勒師子婆舍不如般若六大槃那羅王十大忿怒明王東來應化聖賢乃摩騰竇誌善慧智者布袋竺法蘭道安佛圖澄康僧會法顯法祚慧恭慧特慧理渾羅壽支謙晉靜鳩摩羅炎羅什法栁竺道生大度僧涉支遁曇隱曇華嵩陽東土初相達磨雲光首蓮華嚴僧夏臘瞿曇肇法師樓子僧嵩頭陀裴頭陀杯渡通公阿專師神光寶靜僧璨道信玄奘悟空萬迴法融弘忍慧能眞寂凜禪解空無盡藏智遠神秀印宗元珪安國靜琬小釋迦無畏金剛難陀憍陳如五人沙和尚淨壇尊者等次序而入衆高

㊀諦聽、

各有攸歸

眞拱揖遜坐地藏座下有護法神名諦聽是龍子修成能
聽徹寰中隱微上報如來將至故至中途相會是時官吏
恭請入席木公敬問一切過去古佛因何不至如來曰毘
婆尸諸佛向屏座外之事前在祇園爲法眷故來久遊鴻
鈞之表追蹤玄玄上人也衆嘉賓上資始堂安座上堂中
間三清玉帝玄帝五席左首釋迦藥師接引準提三大士
老君曾祖　聖祖　聖母
彌勒勢至右首慈祥大道君精勤道君中玄道君主仙道
玉皇聖父　聖母　玄帝聖父　聖母
君淨德時王寶月光皇后淨樂天君明眞大帝善勝太后
瓊眞上仙左首五行西方諸大弟子阿羅漢等右首五行
天皇地皇后土日宮月府斗父斗母九皇五斗雷尊文昌

諸天列宿廣壽祝融集英宮羣賢柏皇弟子及諸嬪妃仙
眷對座是五老主席中堂是五嶽四瀆諸仙眞水伯下堂
是諸天神將仙官仙吏護法諸神地藏初次赴會釋迦亦
不敢僭素王以父母傍坐未安木公乃命於左右上首另
設二席請廣壽祝融陪地藏左坐素王父母右坐官吏送
酒各席龍女奏樂兩廊値案有玉女傳言侍香有金童承
應西方諸尊仍用清茗尹喜以太玄洞玉虛天尊不見出
席叩請老君曰弟子不職幸蒙訓飭降世贖罪久離寶座
但不知西城王君因何不至老君曰塵民貪嗔愛慾鬭爭
劫殺非義而動背理而行種種罪惡以致淪沉業海釀成

東去也是佛

刼運死墮三塗王君憫及幽冥欲救衆生於三惡道中發
大慈悲身投十地托生新羅國爲葉氏子自幼出家聖名
守一借老佛之法門作陰司之寶筏志願洪深度一切苦
厄眞是希有功德會中有不能識者乎舉手向地藏曰欲
知玉君只此便是地藏合掌躬身老君復謂曰君當爲幽
妙義仍是道祖分撥
冥教主作東土佛家首領無庸謙讓也地藏稱謝衆仙有
聞地藏名者方悟爲金蟬子也齊聲稱頌互相勸勉安期
因琴高於瑤池戲田四妃謫墮人間向王母座前懇恩求
釋母曰高今謫吳門薛家爲子限滿時子可善爲點悟與
四妃同歸可也初衛承莊畏罪逃入崑崙母令其守山爲

向天帝、求釋帝、應允、梁玉清謫北斗下常春、不敢與會斗十
母亦挈來求宥帝曰初入道者尚宜脫離愛慾何得身登
法界效凡夫妄念當膺重罰但承莊旣赦玉清亦準免也
酒數巡王母命許飛瓊董雙成阮凌華一本姓賈段安香等出
席奏樂衆眞開懷暢飲因千年一會木公先啟知元始玉
帝暫釋莊嚴任情散誕樂終衆侍女退去黃老曰惜大演發明、
仙官等、大名公、老清客俱降下界爲聖孫朱明眞人侍從無可侑觴有伶
倫樂援大容萬王夔子晉蕭史弄玉孫曠王遥上前云卑
末願獻薄技以博一笑玉晨命官吏設座於主席之傍王
母命送樂器即時八音齊奏孫伯齡高歌一曲字字清圓

二女見燕昭王時

扶桑絲應得恰好。此珠不可輕看。俟後會之蚌胎之珠、驪頷之珠、元始之黍米玄珠、釋迦之摩尼寶珠

聲諧金玉。無不擊節歎賞。歌畢餘音繞座。上眞俱無掌稱善。西施、鄭旦前啟曰。村姬濁質。荷中元湘君携來。敢陳末技。卸外服。露宮衣。舞袖。又有兩仙娥出。乃玄天二女。云願助舞。於是繡帶飄揚。綃裾來往。宛似彩霞亂滾。舞勾多時。天色將暮方止。玉母各賜杯酒。仍令歸席。時九眞已令玉女用扶桑絲爲繫。將照夜光明珠懸起。三島十洲。明徹如晝。取本山如意珠懸上堂。洞驪珠懸中堂。火齊珠懸下堂。廻廊下。都釘九曲明珠。上下八方。神光于目。不夜城、水晶宮不足道也。木公命將天尊之金丹、沆瀣、天漿共享。九子承命。用赤玉盤貯金丹。銀晶卣盛沆瀣。先獻上位高眞。然

皆等名珠出献方識其來歷普同供養

後以金丹投天漿中各送一杯周飲畢透體皆香醒然快爽黃老謂衆眞曰愚謂陰陽萬物實皆玄玄上人主宰前吾五人親往天外拜請上人不欲復臨有境乃曰我常擘開天頂俛視寰中每遇人世水火刀兵厄難即斡旋造化但衆生慾浪顛狂情根轇葛往往遭逢陽九百六之會魂消魄化可悲可痛實不忍觀況爾等舉此敬念我已悉知何必下方色香臭味而見誠哉吾五人乃告退還中今後天頂忽開光明四射即上人覷世也俗謂天開眼得見者多受造化羣眞齊問是何形相何多德能黃老曰上人漭洋汪濊包攝兩間若論其體段無四無像何比何樣隱之則爲混漠元氣

方見先天一炁原在道祖五老尚遜一步

摠論

△△△感應篇

顯之則爲流動金光衆皆疑想贊歎老君曰今唐世運逢陽九計訖來甲申歲百六又及數年中億兆生靈遭罹刼數深爲痛毒不識五老將何救之木公曰吾等雖主運五氣亦止化生於有焉能消息於無挽回刼數還仗道君老君曰上人掌握陰陽化育萬物而後之靈氣環周天地不爲塊然者世實仰賴於吾等也若不於厄難中委曲救濟則下土愚民將謂天道無知恣其狂惑雖三災時降雷火頻摧終不覺悟上方之勸懲幾於無用矣黃老曰此言深體上人至意云何良法警覺愚蒙老君曰鑒觀世人習惡不信福善禍淫之說蓋由不知感應之妙耳予有感應篇

轉入救刼

一卷欲以傳示。但能改惡向善即可避劫消災久久行持
登眞度世不難矣。命童於玉笈中取出傳送遍誦。衆眞稱
頌曰、下民之暗室金燈也。元始曰、予自生至今歷八萬三
千一百二十五年、無時不懷開化。向有朝眞懺罪璽章人
能虔心禮誦、可以懺除惡業。當命衆仙鄉須行下土玉帝
朗稱善哉、將欲告辭黃老曰、千載一會、且獻過桃、實方可
言別。木公命吏摘來上獻。祝融曰、盡往桃園散步覽廣桑
山景、衆眞起身。木公命九子分陪至園、四處亭臺照耀得
珠光燦爛、樹陰中、如明星在天、隨方金牀玉几、晃晃昱昱、
任意遊行、擘桃而啗、木公陪三清玉帝釋迦等、在內閒談、

仍命摘桃送進羣眞在園中食桃玩景聽得琴聲甚美亭中有一輩琴仙乃方子春成連鍾子期俞伯牙周太賓孫廣田嵇叔夜尉繚子雍門周斯時子春撫畢遞與嵇康遂移琴轉軫彈出慢商調廣陵散聽者稱美宛丘女媧大舜湯武來聽夔因分冊入道後未與舜相會至此方得敘濶聞之訝曰向為吾等所製何人傳習在此擅美不俟其終入亭詳問叔夜捨琴偹述鬼傳衆懇舜曰遊魂甚苦願上眞度之舜嗟曰當召彼入宮衆極贊歎見諸亭臺戲具畢偹下碁是蒲衣鬼谷郭文舉張兆期郭了華張季連王質潘茂名文摯謝安唱道情是張果李鐵拐鍾離簡等調鶴

是浮丘子晉支遁王與控鶴仙人、王政白鶴道人、採藥是桐君岐伯、勵陽蘇躭董奉華陀汪翁韓康寒裒王水安期、講易是胡安王弼楊伯醜嚴遵賀道養嚴晉卿焦延壽京房等叙舊、是杜子春拜謝趙廓引見師祖白石帛舉與莊伯微叙同門之誼、伊周向雲長言車騎降世更名爲巡矣、梅福與陳生會見不貴其往事、太陽子因久隨赤帝謹侯道陵、魏姑以麻姑受職致謝金母、水精素王與鄭子程本叙當年傾蓋之情、忽聞喧笑、携手尋聲、衆人圍繞劍仙、是王常歐陽作狄生、邪從終南入會、孫博引見玄母、獻技於師祖前、孔門有會舞者齊聲唱采、舞罷有一仙女綉帔雲冠寶劍雙懸皓腕、稽首起舞、乃隋宮薛冶兒名夜來能神針綉紉。伊用呂㚢婦遊迷樓時見有道氣、於兵亂門、同衣紫烟救出、至中條、得玄母親傳劍術、舞動處、梨花瑞雪攢成觀者、拍掌稱絕、東方朔笑謂玄母曰、聖姑盡一顯老手、癡氣姒。母命孫博試演之、以供衆目、博向腦後取二彈丸、白光盈掌、擲空化兩口寶劍、飛舞、初似銀龍戲水、既而雪練飄空、有頃、招入懷、仍兩丸銀彈、衆同聲頌美、是時皓魄西斜、曉光將動、程子與孔聖同步入紫府、謝別諸子、隨後本因問曰、聞卜子夏再世、龍門王家、今復原位、季路焉往、而不侍側乎。素王言、繇。好動、已降為唐臣、恐其魯莽、將告戒之。忽聞玉磬頻敲、西方諸人已去、神將。整　頓輿仗、伺候諸天尊、連袂

而出、玉晨召伊周曰、子負勤勞、天帝仍賜治蜀、以償往德、
老君謂墨子曰、邇能悔過、志亦可矜、但今文風日下、子可
振起頹靡、紹孔孟心傳、以開後學迷昧、處吾遣鶴童覺度、
也、水精恭手向諸眞曰、丘僻處北陲、諸弟子於講誦之餘、
培植花果、頗有可觀、異日欲屈齊顛荒山、少申鄙意、黃老
曰、如此、不但會吃東西也、斜視赤精而笑、赤精曰、吾山自
（若讓不宜）
浩刼初生一樹、清瑤會時花開、今已結實如瓜、因名長生
果、俟熟時將來率責、謾言水火無情也、衆皆大笑、送諸尊
（答語更俊）
升輿起駕、黃赤水二老謝別、引弟子仙宮乘雲散去、諸能
神水伯拜辭、九源丈人送出、羣仙曰、人間民歲臘東帝誕

扶桑子、樵、

番席餘波

妙極

生之期至是日、再來捧觴也本月十八日、先往瑤池祝西
皇壽諒可重會皆欲辭去木公曰扶桑椹子千歲一實今
適成熟諸子謂不足供上賓故未敢獻願與列公享之諸
仙翹望扶木森森散覆暘谷洪柯約百萬尋高然復欣喜
留坐浮丘曰食椹固美、恐僊釀難爲耳、至和獨立眞人宮
恬澹無欲遊德園

衛曰、陽燧、即晶映拱鏡能向日取火、方諸以蠡精玄英
作蚌形、望月而得水、今羣眞聚飲於方諸山、是何意歟
釋氏以鉢最重者何、蓋鉢木中含眞一耳、學人且勿貌忽
西天四七、東土二三、皆單傳也、至慧能並傳南嶽青原、
後遂分濟洞南北、枝派雖殊、根源仍一、佛祖心無人我
諸山見立異同大失其本來面目矣嗟夫。
歷叙上壽諸物、俱極貼切、可稱筆花璀粲、文思纏綿、
泠倫等自初會奏樂後、久不復試、亦當於茲再顯如萬
王以下諸眞尤宜就正於前輩、
旋鄭辛逢勝會、不知座中還識范大夫否、

○○白玉函天寶呈祥　○○青蓮子謫仙玩世

木公曰有方丈山(方丈所生)金漿玉醴任君等盡量王母曰三千年作一東原吝不得木公曰下會相攙玄丘仙真愈廣主人亦不能儉須曳酒至玉童以瑶盤捧桑椹如火香氣撲鼻諸仙競取而食味極甘美不讓蟠桃九真又進瓊田芝餌及石芝羹衆復大啗靈真子向木公前胡跪曰臣守聚窟洲有年幸得郝姑爲配暫令代職願告假一遊塵寰木公曰芹溪馬縈偶染塵氛老君數令諸真引拔苟免身國殞緘子既欲嘗惡趣數分當然且逾二十年生當大曆國保(馳一不歿香)元和靈真悲悔無及木公謂尹喜曰道君召樂子長補爲

又一樣救法

修文郎將感應救苦經錄示命文昌於梓潼飛鸞垂示又留玉冊一函命爾等送降太白山傳示聖孫且今猪龍承刼運磨滅生靈雖有福神甘羅相輔而魔焰方熾子當曲爲始終保護喜領命太乙謂寒衆曰予既歸山玉氷在世闡道俟其功滿子可招之復飲多時各起身言別衆仙女隨玉母寶車先回路經南洲母謂董雙成有因緣寓華陽俟之時衆仙眞各回洞府尹喜仇生赤松魯班正陽純陽奉玉冊而往是日七月既望之夕稷州人民望見五色霞光下濁太白山頂月輪華彩異常觀者竟夜申奏其事百官慶賀聖瑞帝遣使醮祭山常積雪望之皎然軍行不得鳴鼓角鳴則疾風暴雨立至止

仙化無痕

黃昉

有第十一大洞天字、有司上山除地設壇得一玉函四、無可啟寶光
燁燁、祭畢馳獻、帝跪至興慶宮玄元聖帝像前親自拜祝
函忽自開中現玉册皆天書丹篆申天師云是太上秘文
嗚陛下勿急於道可消魔運歙州台州有司奏諸山異香
瑞靄經旬凝浥帝令眾道士誌歟明年六月十七日帝閱
名山圖及弦仙眞靈蹟知黟山有黃帝與容成浮丘煉丹
峰頭古跡括蒼山有主者往來羅浮括蒼之說又爲雌
川弘景隱煉處於是改黟爲黃山括蒼爲眞隱山內使
復命并言向容成子黃昉實爲梁後偶遊玉晨觀藥珠殿
遇一麗女云華陽黃氏以君愛護物命有合天心敢與爲

王忠嗣　哥舒翰　李光弼

配。昉依留王家，居月餘，遣曰：不耐處俗，願偕往崑崙。遂相攜躍入清流，不見。帝歎羨不已。朔方節度使王忠嗣，鐵面劍眉，兼領河東、河西、隴右，既仗四節，控制萬里，部將哥舒翰、李光弼，戰功居多。（哥舒胡種姓。光弼契丹子。）林甫使人上告忠嗣欲擁兵奉太子，徵入鞫之。翰力陳其冤，帝感悟。林甫屢起大獄，以楊釗掖庭親，引以為援。一日方午，有人款門，吏驚候之，乃一枯瘦道士，曰：願報相公。門者呵逐之，微笑而去。明日日中復至，曰：但言故人相訪。吏乘間入白。林甫曰：吾不記識，汝試為通。及入，乃槐壇所遇者。林甫驚悸之極，若無所措。（良心必現。）乃前拜，道士迎笑曰：相公無恙，當時竊行陰德，今枉殺人。

天遣可畏林甫但磕額而已道士留宿林甫盡除僕役處
於中堂各居一榻道士唯以食茶果餘無所進夜深林甫
猶作妄想
曰昔奉教言尚有昇天之望今復遂否道士曰縁爾行不
合道恐不得如約矣林甫曰某數滿羅譴後當何如道士
曰莫要知否亦可一行林甫降榻拜謝道士曰但萬想俱
遣兀如枯枝即可俱也良久林甫曰某都無念慮矣乃下
招曰可同往不覺隨行及春明門輒自開行十數里困苦
頗甚道士相與坐路隅逡巡以一竹授曰可乘此至地方
止慎不得開眼林甫跨之覺身從大海但聞風水聲食頃
下止開目視之見大郭邑城門俱赤石介士羅列道士至

三

林甫處是明皇舊吏故親侍之

高仙芝

書迎拜約行里許到一府署大門復有甲士升階至大殿帳幄華麗林甫困欲就帳臥道士牽之曰此當今皇帝舊居何得就臥指傍一室曰若聽余不作罪業此可居也林甫茫然若喪遂與俱出道士曰此南極赤城朱宮也復令跨杖一如來時之狀既至家見身暝坐床上道士連呼林甫驚覺涕泗交流稽首感痛明日別去厚贈之道士笑曰此物害人多矣何得近余但勉勵此後無復相見也出門去林甫欲杜邊帥入相之路以胡人不知書用高麗高仙芝為安西四鎮節度使初高麗附國渤海可毒進番書文俱為象內翰賀知章薦秀才李白能識帝召之白至閱朋

磨杵老媼　酒中仙　孔巢父　韓準　裴政　張叔明　陶沔　汝陽王璡　李適之　張旭　焦遂

誦番使驚服帝命仍用其字式草書答之自此東夷寧戢以白爲翰林待詔金馬如東方朔故事稱爲李供奉白字太白綿南昌明人暠九世孫母夢長庚星現而生於青蓮鄉讀書象耳山下彭山縣學未成棄歸過溪逢老媼方磨鐵杵問何爲曰欲作針耳白感其言還卒業夢筆生花才思日進嘗自呼曰我謫仙也豪於酒遨遊四海與孔巢父宣尼三十七世孫韓準裴政張叔明陶沔隱徂徠山號竹溪六逸偶遊紫極宮遇賀知章得與汝陽王璡寧王子李適之常山王孫崔宗之蘇晉張旭焦遂號飲中八仙戊子春帝與貴妃於沉香亭賞木芍藥樂人李龜年賀懷智馬仙期雷海青等從焉帝曰賞名花

四

睿宗之 蘇頲 李龜年 賀懷智 馬仙期 雷海清 許夫人

宣平坊 王老

對妃子焉用舊樂詞爲命宣學士供奉至白帝醉立就清平
調三章帝命梨園教之以金蓮炬歸院未幾辭職歸山勅
爲無憂學士回蜀半載復辭許夫人出遊聞烏程酒佳遂
遊吳越上會稽聞亦有禹穴奇而探之考其實蹟乃窆所
也因書禹穴二字以紀勝（今有石刻）至四明山（石竇玲瓏如窓日光四透）徘
徊於知章讀書處復入新安諸山訪問知章居西京宣平
坊對門有小板扉常見一老人乘驢出入其間積五六年
其顏色衣服如故無有家屬詢問里人皆云是西市賣錢
貫王老知章察其非常人因於暇日造之老人迎接甚恭
唯一童爲使令賀問其業老人隨意酬答往來日久彌加

許宣平

老人善於說法

禮敬言論漸密遂云善貢白衛賀既信重願請歸家供待
後與夫人持一明珠自云在鄉日得之保惜多時特上老
人求說道法老人即以明珠付童令市胡餅童以珠易
得三十餘胡餅遂延賀共食賀私念寶珠輕用老人曰夫
道者可以心得豈在力爭慳惜未除衛無由成當須深山（道破）
窮谷勤求致之非市朝所授也賀意悟謝之數日忽去視（可惜）
其居已不在知章因求致仕還鄉帝賜鑑湖剡川一曲以
終其志召令供帳都門百僚祖餞知章字季真四明人善行草書
世傳為天寶晚節放誕自號四明狂客欲歸悟李白時自
已往訪許宣平矣宣平歙縣人景雲中隱城陽山南塢結

粒不服餌顏若四十許人行及奔馬負薪賣於市擔上常懸一花瓢每醉拄曲竹杖騰騰以歸獨吟曰

負薪朝出市沽酒日西歸借問家何處穿雲入翠微

徃來樵人危急救人疾苦士人多訪之見菴壁有詩曰

隱居三十載築室南山巔靜夜玩明月閒朝飲碧泉樵人歌隴上谷鳥戲巖前樂矣不知老都忘甲子年

好事者多誦記其詩於洛陽同華間傳舍是處題之李白東遊時吟而歎曰此仙人詩也詰之得其實於是徃新安涉溪登山累訪不得乃題詩於菴壁而去宣平歸見讀之

我吟傳舍詩來訪真人居烟嶺迷高跡雲林隔太虛窺

庭但蕭索倚杖空躊躇應化遼天鶴歸當千歲餘。

宜平又吟曰

一池荷葉衣無盡兩畝黃精食有餘又被人來尋討著。

移菴不免更深居

李陽冰遂去莫知其踪其菴亦爲野火所燒後白樓常州李陽冰

蓮池隱者音凝處抑鬱成疾諸醫莫療有丐狀醫人自去蓮池隱者與

供奉神交最久特來治疾閽者進報白推被抱疾出迎極

致渴誠納諸上坐叩以養生隱者曰觀子神清骨俊自是

酒病酒藥醫

仙姿但飲酒不暢耳有少酒與子共之遂出一小葫酒命

酌復出乾脯削以下酒劇談不覺抵暮俱醉而酒不竭諸

一遇宣平王老一見宣平許翁賀李寔是同類

句曰疾已瘳矣後待予於蓬萊之丘甫出門行如飛當恍惚不見白自此輕舉周歷山川不復思食日飲酒而已遊金陵落星岡（板橋市西臨江）復遇隱者白脫紫綺裘換酒與飲問其姓名曰我許宣平也相與醉卧爐頭明旦仙踪無際矣白聞知章還山趣會之語及朝政知章曰不可問也遂留同隱終朝齋和是冬十一月帝改會昌縣曰昭應（或言玄元降於華淸宮之朝元閣故也）檢道藏諸書見漢張道陵是道祖高徒乃使使往鄱陽徵其裔胄至十五代師高（字士龍）姿宇超曠好酒縱飲一石不醉帝命京師置壇傳籙冊贈祖天師號太師親爲作贊師高嘗齎玉印於長安酒家以爭盡力舉不能

李渾

王珙

動明日師至笑而攜去知　天下將亂預請還山願賜金帛
免其租稅本白山人李渾等上言見神人言金星洞有玉
板石記聖主福壽之符命王珙求獲之巳丑夏帝以符瑞
相繼上聖祖及諸帝后號謚中秋望夕召申元之於集賢
殿賞月言及月府諸事帝心欣慕既還宮夢與申天師登
銀橋入月宮見瓊樓玉殿題曰廣寒清虛之府無數仙子
於庭中奏樂皆羽衣霓裳帝倚丹墀而聽竊記其曲天師
促歸雲路中帝欲得玉笛吹演天師會意手招下方笛似
玉龍飛至接而授帝帝謂巳賜寧王矣按吹響徹雲表寧
不忘其節奏將歸仍度銀橋而下天師擊橋爲牙笏帝竊

李謩

黄綽番

費妙行

視御榻旁玉笛在焉早朝輦王奏失笛百官奏昨夜聞空中樂聲帝暗驚喜獨延元之於偏殿謹問悃然不知帝深知其懷道不言賜寶珠如意一柄以酬其勞申公遜謝帝温習所記之曲以授梨園子弟名霓裳羽衣曲梨園長李謩黄綽番謩善記憶能壓笛偷聽歸即數演不忘綽番崑山人善作雅腔抑轉時稱崑調不久病殂勑歸葬西塘維亭之墩綽帝自夢遊月宮愈崇道德命於魏夫人昇所度女道士十三人常修香火天師孫智良妻費妙行道行亦高天師奏乞置觀度女道士七人爲弟子妙行每誡曰當守貞尚儉行將有驕奢淫佚之鑒也庚寅春正羣臣請封西嶽

王玄翼　李楊暗郭　楊崇義　劉氏　李弇

許之值關中旱西嶽祠災制罷封祀冬十月河南山人王
玄翼上言見玄元皇帝言寶仙洞有妙寶眞符命常侍
張均等往求得之（吉安石灰山有寶仙聖洞內有石窓石像石鼓擊之有聲）所在爭言
符瑞林甫等皆請捨宅爲觀以祝聖壽建武民見何仙姑
現於麻姑仙壇立五色雲中（蓋傳麻姑命而來後顏眞卿爲撫州刺史作記書石）時
圖讖有金刀亡國之語楊釗請更名賜名國忠時祿山入
朝賜爵東平郡王辛卯春命拜貴妃爲母出入宮掖初長
安豪民楊崇義妻劉氏與鄰民李弇私通殺夫埋井中劉
控於官縣令詰檢架上鸚鵡曰殺主者李弇也遂詢實抵
罪聞於朝帝留鸚鵡於宮封綠衣使者貴妃恐以祿山事

八

㊇綠衣使者

㊀王法進

語於帝乃解縛縱去有人見於隴州山壬辰秋八月劍州刺史奏童子王法進白日昇天臨津縣人孩稚時自然好道家近古觀其嬉戲未嘗輕侮尊像必斂手致敬至十餘歲有女冠自劍州歷外邑過其家父母以子慕道託其保護女冠授正一延生小籙名之曰法進於是專勤香火齋戒護持亦茹栢絕粒時有感降是歲三川飢饉斗斛翔貴死者什五六多採山芋野葛充飢忽三青童降庭謂法進曰上帝以汝夙稟仙骨歸心精誠敕我迎汝受事於玉京法進即隨童凌空竟達帝所命賜玉杯霞漿徐謂曰人處三才之大體天地之和得生中土甚不易也天運四時

天語諄諄
世當共警

之氣地稟五行之秀生五穀百果以養人而乃輕棄百穀厭捨絲麻使耕農紡婦身勤不飽力竭受寒曾無愛惜者斯固神明所責天地不佑矣近者地司獄神各有奏言人不貴衣食之本已勅太華之府收五穀之神令其飢餓因示罰責以懲其心旋奉太上慈旨以大道好生不可因彼愚民以累衆善雖天地神明責之愚民無懺請首原之路但受其苦耳汝當爲無上侍童入侍天府今且令汝下世告諭人民使其畏罪寶愛農桑慎惜穀果至於水火之用亦不可過儉已約身皆能行此明戒此即汝之陰功也命侍女付雲寶清齋醮謝天地法一卷俾傳於世曰今世人

再三諄訓
開人自新
之路

穀父

蠶母

蒼璧

相率於清淨處致齋悔謝一年內春秋再爲如此宿業可
除穀父蠶母之神爲致豐稔也龍虎之年復當召汝命青
童送還已三閱月矣所授之法靈効異常三川之人悉皆
榮奉今壬辰歲雲鶴來迎適符龍虎之召也冬十一月林
甫卒先是家奴名蒼璧性敏慧林甫憐愛之忽暴死經宿
復蘇。璧透鏡池
信通冥府

韓國夫人上元夜燃百枝燈樹豎之高山百里皆見方
諸以珠代照光透林表亦可謂綵樹轉燈珠錯落也
帝散之琴擅美人間究本窮源益可想見舜樂之盡善
劍仙一派傳自中條而薛夜來何幸乃獲親蹟蓬壺
唐世好道之君六七作的係老君後人
會中莊諧戲語照應點綴自然幾百年事蹟如掌上觀
紋纖毫悉在末以玉册作結去路悠然不似演戲煞羅
一時冰冷光景史才之妙乃爾仙乎仙乎

○○范女對使化男身　○○魏妳游弟全兒命
奴曰初不覺死但於門前見儀仗擁一貴人經過有似君
上方潛窺之遽有數人擒至一山俄及大樓下須臾有三
曰黃衣小兒爭急喚入經七重門宇至一大殿下俟命捲
珠簾貴人臨階坐似剸割事殿前東西立仗侍衛約千餘
人朱衣携一文簿奏言是應運亂國華位者磨滅王及相
次三朝亂主兼同時悖亂貴人先定案殿上人問曰隆基
君人之數雖將足矣壽數何如耳朱衣曰唐君奢侈今合
折數但緣不好殺有仁心壽命仍在又問磨滅之後數人
僭亂須速止之無令殺害黎元以傷上帝心朱衣曰萬民

張象

亦淫奢過度據運期推遷自合罹殃。熙上曰宜先追取李林甫楊國忠朱衣受命而退俄又有一朱衣捧文簿至奏大唐第六朝天子復位又佐命大臣文簿曰但速行之朱衣退將日夕有一小兒下急與著碧衣令見細視殿上一人坐碧玉牀冕旒主服謂曰寄語汝主何故不遵沈眞人之戒今當隨業受報也遂令放回林甫聞言驚恐成疾而死國忠誣以謀反削爵剖棺暴其屍於野帝以國忠爲右相臺省官不爲己用者皆出之或勸陝郡進士張象往謁富貴可圖象曰君輩倚楊右相如泰山吾以爲氷山耳若皎日既出君輩得無失所恃乎遂隱居嵩山伏脉已而國忠主選

楊令　李主簿　裴尉　拓拔大郎　此時光景大是難看

人於都堂以蓬萊舍人童復副之復辭謝遂還家與妻孥決別復航海尋徐君有扶風令者楊氏之族恃勢輕物實容寒素者無因謁奉由是謗議盈路有李主簿裴尉者俱好賓客裴頗好道甚揔與時亦補縣闕令於暇日會宴裴以疾不赴貴賓方集有一客䫇顏長七尺餘策杖攜帽神色高古謂謁者曰拓拔伏郎要見宰君謁者諾曰長官方食不可通謁請俟罷宴客怒曰是何小子輒爾拒吾將自入謁者懼走白令命邀之升階令意不悅而客亦不平既宴會率不謙讓及縱宴客不揖去令亦任之客色怒甚流言而出李主簿疑為異人詣裴尉告之云觀客狀是俠

者恐其爲害當召而謝之命吏邀客客處逆旅聞命即至時已向夜裴望見趙避他室李揖客坐定乃起問裴裴色兢懼謂李曰此眞異人元老向居漢瑰常至峨眉道術至高曾師事數年中路捨而逃今不敢見李因先爲裴請裴即衣公服趨前拜謝客顧之（可畏）良久李又爲言始命坐言議皆不相及裴益敬肅李兼言令之過爲辭謝再二仍宿於廳李夙夜省問忽失客所在門戶扃閉如故比旦吏奔報云令忽中惡將絕而心微暖諸僚椽與省之至食時而蘇令召主簿入叩頭謝曰賴君免死李問故令曰昨者客盡是神人吾晚被錄去見其據胡床坐責吾驕慢命折簇條

鞭之曰吾借汝鞭國忠也杖雖小痛甚至數百乃云賴主簿言之不然死矣勅左右送歸樂示杖痕猶在命駕往縣北尋行三十里果見大桑林下人馬跡甚多桑條十餘莖血猶在地裴李遍訪拓䟦不復見楊令始知國忠奸于神怒深悔黨惡三人相率告病還家後皆免禍國忠與祿山有隙

閻羅鳳

告其反狀甲午春祿山辭歸范陽夏南詔閻羅鳳叛歸

任安

西蕃初任安奉使至南詔回路經劍南聞蜀女范志立得

范志立

道於南中巴川山中慕而往謁欲挈回長安范曰吾將入閬州靈山也倏化爲男子騰身飛去異香縹緲於空任安尋蹤至閬見一峰峭拔介嘉陵宋江之間惟香氣撲鼻宵

二房琯

廿元德秀

無所見回鄗將鳳碑語表白乘間言范女化男飛昇事帝賜巴川山曰純陽臺山曰仙穴秋關中大飢上憂雨傷稼國忠獻善禾扶風太守房琯言所部水災琯字次律河南人初與同郡元德秀隱陸渾山元性淳樸少孤事母孝其兄嫂繼亡有遺孤甚月德秀晝夜哀號抱以己乳含涉旬湩流遂得長大乳方止嘗令魯山歲飢曰或不爨彈琴自娛琯歎曰見紫芝眉宇名利心都盡生六十未嘗見女色琯曾爲桐廬令邢和璞過訪携之野步遇一廢寺松竹蕭森和璞坐其下以杖叩地令侍者掘數尺得一瓶子瓶中皆婁師德與永公書和璞謂曰省此否永公即汝前身也琯憮然而悟和璞

尤重李泌之才品泌自衡山還至鄭叔則家表服氣絕粒能引指使氣吹燭可滅每導引骨節皆珊然有聲時謂鑠子骨忽兩目冥然開目則覺身自頂踴出二三寸傍有靈仙揮手動目如相勉助者既而全身俱出足已及頂乃念言大事未畢復有庭闈之戀願終家事有一神人儀狀甚古如王者履空言曰且教伊近天子遂寤帝命來乃獻明堂九鼎議應制作皇帝聖作文多講道談經動與太子諸王為布衣交為楊國忠所忌以其感遇詩謗議時政搆陷之遂黜蘄州毋周氏亡歸家至此帝復思之乙未冬祿山反於范陽海內衛聞兵趨遠近震驚

郭子儀為朔方

節度使華州人初從軍沙塞因催軍食至銀州十數里日暮
忽風沙陡暗入道旁空屋中藉地將宿忽左右皆赤光映
曜仰視空中見軿輜繡星中一美女坐牀垂足而下子儀
拜祝云今七月七日必是織女降臨願賜長壽富貴女笑
曰子福神也大富貴亦壽考言訖冉冉昇天猶正視良久

顏眞卿

而隱時祿山陷東京平原太守顏眞卿起兵討賊眞卿字淸
臣瑯琊臨沂人幼勤學年十八九時臥疾百餘日醫不能愈有道

北山君

士過其家稱北山君出丹砂粟許救之謂曰子淸簡之名
已誌金臺可以度世上補仙官不宜自沉宦海若不能擺
脫塵網去世日可以爾之神鍊形陰景然後得道也道者

顏杲卿 僞燕寇 陷山 聖武 史思明 許遠 張巡

復授金丹一粒戒之曰抗節輔主儉勤致身百年後吾待子於伊洛之間遂飄然去眞卿自負才器將俟大用吟閱之暇嘗留心仙道旣中科第四命爲監察御史五原有寃獄久不決眞卿辨雪之天旱乃雨郡人呼御史雨國忠怒不附己出於平原聞祿山反使親信密懷購牒詣諸郡共推爲盟主濳告從兄常山太守杲卿斷賊歸路丙申春祿山稱大燕皇帝改元聖武遣賊將史思明攻常山糧盡城陷杲卿等罵賊被害帝以許遠爲睢陽太守同眞源令張巡討賊軍聲大振眞卿克魏郡加爲河北採訪使子儀李光弼復何北十餘郡國忠忌哥舒翰握重兵守潼關趣出師翰

十陳玄禮

十一魏方進

⊙魏弟

十二魏姊

兵大敗賊遂入關各路去鄕走國忠倡幸蜀策帝至馬嵬
驛將士飢憤共殺國忠帝出慰勞不應陳玄禮曰貴妃不
宜供奉帝見軍變命力士引貴妃於佛堂梨樹前縊之年三
十八軍士方寧輯楊氏親戚隨駕者誅戮無遺御史大夫魏
方進楊氏之親亦合族被禍方進在京之日一弟年十五
餘口不能言涕沫滿身親戚咸惡爲癡人無爲惜者唯
一姊憐之給與衣食令僕者與浴沐無倦厭一日於門
外曝日搔癢隣里見朱衣使者領數十騎至問曰仙師何
在遂走至搔背者前俯伏稱詡良久見其高聲叱曰來何
遲勾當事了未朱衣應曰有次第又曰何不速了却且去

神彩洞徹聲音朗暢都無癡疾之狀朱衣輩既去依前瘞
下至口搔癢不已其夜遂卒方進等驚其事而不異其人
遂隨事瘞埋唯姊悲慟有加潛具葬禮至小殮日以一黃
繡披襖子平日所惜者密置棺中至焉嵬其姊亦在兵亂
時偶出店外聞難急走遺男女三人皆五六歲上下者巳
分為葅醢及明早軍發試往尋之僵屍相接屋東北稍深
處一床上若有衣服就視之兒女三人悉在其中所覆乃
是葬癡弟黃繡襖子悲感癡弟始信真神人母子相與入
山避難（後俱）無恙帝命埋貴妃（瘞西郭道北坎下）想起道者李遐周之
詩無句不驗遐周有道術住玄都觀開元中召入禁中與

（難得）（善報）

翟乾祐等同被恩禮林甫嘗往謁之避周請曰公存則家泰公殁則家亡林甫泣求救解笑而不答至祿山豪橫跋扈而帝意不寤一旦與乾祐俱隱去但於所居壁上題詩數章末篇曰

燕市人皆去祿山悉燕之衆而起劍函關馬不歸潼關之敗匹馬不還故云

山下鬼馬嵬驛也環上繫羅衣玉環以羅巾自縊也

乾祐名法言夔州雲安人自幼喜老子志性清修麤眉廣顙巨目方頎身長六尺手大尺餘嘗於黃鶴山師事牛天師閱霧異一經受寶籙三科能行氣爲丹篆陸制虎豹水服蛟龍言將來事皆驗尤務拯人病苦一日於夔州市謂人曰今夜

有八人過此宜善待之是夕火燒百餘家（始憶八人乃火宿）每入山羣虎隨之曾於江上與人玩月或問月中何所有乾祐笑曰可隨我手看之乃見月規半天瓊樓玉闕滿焉良久乃隱雲安井自大江泝別派凡三十里近井十五里澄加鏡舟楫無虞近江十五里皆灘石險惡難於沿泝乾祐念商旅之勞於漢城山上結壇考召羣龍凡一十四處皆化老人而至諭以灘波之險害物勞人使皆平之一夕之間風雷震蕩盡為平川唯一灘仍舊龍亦不至乾祐復嚴勅神吏追之又三日有一女子至焉因責其不伏應召之故（妙有意思）女曰某所以不來者欲助天師廣濟物之功耳富商大賈

用皆有餘而傭力負運者皆雲安之貧民自江口負財貨至近井渾以給衣食者甚衆今若輕舟利涉平江無虞邑之貧民無傭負之所絕衣食之路矣余寧險灘波以贍傭負不欲利舟楫以安富商也乾祐善其言因使諸龍各復其故險乾祐在京一年人有見其凌五雲去（後賜號靈通先生）帝將發馬嵬父老遮道請留太子帝曰天也宜吉欲傳位太子固辭帝遂行念諸道者俱去惟申元之孫智良在又不及偕行無以遣懷至劍門忽羅公遠來見奉迎鑾輅帝大喜曰尊師尚念朕耶公遠勸慰曰聖祚無疆祿山無能為也翊衛至成都然後去帝之乘馬曰照夜白嘗命將軍曹

二曹霸　十花圖　一一行　十張公瑾　六普寂　二盧鴻

霸畫以爲圖。有六馬滾塵圖，帝最愛玉面花驄，時沒於虜。帝前望大橋，舉鞭問左右何橋。節度使崔圓曰：萬里橋。孔明送費禕使吳至此，曰此行當萬里也。帝因追歎曰：一行之言今果符之，吾無憂矣。一行鄭國公張公瑾孫，內供奉人，本名遂。自幼穎異，從釋氏，師事普寂。師嘗設食於嵩山寺，大會僧衆，請隱士盧鴻爲文讚祝。鴻幽州人，隱於嵩山，開元初徵爲諫議大夫，不受。至日，鐘梵既作，鴻持文置几上曰：某文數千言，字僻而言怪，盍於羣僧中選聰悟者，當親爲傳授。寂乃行。既至，伸紙微笑，止之一覽，復置。鴻輕其疎脫，竊怪之。俄而羣僧食於堂，行攘袂而進，抗音興裁，一無遺忘。鴻驚愕久之，謂寂曰：非君所能教導也，當縱其遊學。行因窮大衍數學，自此訪求

院僧非虛
僧愔求傳其法宗

大衍曆

唐梁令瓚

師資不遠千里嘗至天台國清寺見一院古松數十株門有流水立於門屏間聞院僧於庭布數其聲簌簌既而謂其徒曰今日有弟子自遠求吾算法已合到門即除一算又曰門前水西流弟子當至行承言而入稽首請法盡授其術流忽改西流（門前水舊東）邢和璞嘗謂尹愔曰一行其聖人乎漢之洛下閎造曆云八百年後當差一日必有聖人出而定之今歲期已屆（追行更撰開元大衍曆以）古曆校之始正其差謬行改造新曆欲知黃道進退而太史無有李淳風黃道儀法頗難術遂廢梁令瓚以木為遊儀使黃道交於奎軫之間（施白道月環以候七政）內行謂其簡而易從又嘗請道士尹崇借楊雄太玄經數日便還崇曰

王姥

此書意奇深遠吾尋之積年尚不能曉子何遽見還試更研求行曰已究其義矣因出所撰大衍玄圖及義訣一卷以示崇大歎服曰此後生顏子也帝聞而召見謂曰卿何能對曰惟善記覽帝因召掖庭取宮人籍示之一覽悉記如素所習見者帝不覺降榻作禮呼為聖人行幼時家貧隣有王姥者前後濟之約數十萬錢嘗思報之開元中行承帝敬遇未幾王姥之子犯殺人獄未具姥詣行求救行曰姥要金帛當千倍酬君上執法難以情求也姥戟手大罵曰何用識此僧行從而謝之心計渾天寺中工役數百命空其室徙一大甕於中央密選常住二僧奴授以布囊

九

謂曰某方某角有廢園汝徃潛伺從午間有物入來其數七者可盡捲之失一則杖汝至酉分果有羣豕至悉獲歸行營令置甕中覆以木蓋封以六一泥朱題梵字數十其徒莫測詰朝中使叩門急召至便殿帝迎問曰太史奏昨夜北斗不見是何祥也師有以禳之乎

天樞既乖象國民定致災

宜乎太白詩仙也兩人寧不相慕此後必有詩會

法進親奉玉旨宣傳訓語讖法世人供應信受奉行永遠不替方爲報答天恩

張彖以勢位爲冰山千古名言

李泌心存出世所以元神欲出特爲親老不即脫塵

知尚有許多大事未了

拓跋大部應是元氏子孫故有此晉氣

平灘留灘皆濟物心也提則見夫涉者之勞神汝念夫貧者之苦言辭偘偘乾祐自宜心服

王積薪

○○○楊什伍妙術通幽　○○○徐佐卿神功化鶴

一行曰莫若大赦天下帝然之王氏子得不死其夕太史奏北斗見一星凡七日而復帝幸東都秋霽偶與行共登天宮寺閣發歎数四謂行曰吾甲子得終無恙乎行進曰陛下行幸萬里聖祚無疆未幾行化去帝傷悼不已至是思其言驗百司聞帝南狩奔赴行在蜀道隘狹中道之郵亭人舍多爲尊官有力者止息翰林王積薪栖栖無所入因沿溪深遠寓於山中孤姥家止有婦姑給其水火纔暝婦姑闔戶而休積薪息簷下夜闌不寐聞堂內姑謂婦曰良宵無以爲適與子圍碁一賭可乎婦曰諾積薪素善奕

私心奇之、況無燈燭、婦姑又各處東西室、積薪附耳門扉、俄聞婦曰、起東五南九置子矣、姑應曰、東五南十二置子矣、婦又曰、起西八南十置子矣、姑又應曰、西九南十置子矣、每置一子、必良久思維、將盡四更、一一密記其下、止三十六、姑忽曰、子已敗矣、吾止勝九枰、婦亦甘焉、積薪遲明具衣冠請問、姥曰、爾可率己之意而按局置子、積薪即出橐中局盡平生秘妙佈子、未十數、姥顧謂婦曰、是子可教以常勢、婦乃指攻守殺奪救應防拒之法、其意甚畧、積薪更求其說、姥笑曰、止此已無敵於人間、以子夙好、故相傳耳、忽却若室樵經、那積薪虔謝別行、十數步、猛憶業失師

裴冕　杜鴻漸　肅宗亨　至德　郷渾　令狐潮

會云爛柯王質再世此言相符復詣宿處已失室閭岸畔有二鹿對語曰昨有長史眷屬憩此今歸東南積薪逐之走入林間不見偕房琯至蜀帝以琯爲相秋七月太子至靈武裴冕杜鴻漸等請即位爲肅宗尊帝曰上皇天帝改元至德以冕同平章事帝手札召李泌泌隱於潁陽與郷渾顛況爲方外友使者訪見致命泌遂至欲以爲右相固辭乃止時令狐潮圍張巡於雍丘郎將雷萬春於城上巡視賊弩射之面中六矢而不動潮遥謂巡曰其如天道何巡曰汝未識人倫焉知天道未幾出戰擒斬極多賊遁入陳留帝以子儀爲靈武長史光弼爲北都留守並同平章事回紇

雷萬春
舞馬
舞象
薛景仙
馮大亮
慈母山
道士

吐蕃皆請助兵討賊上皇仍命房琯等奉傳國璽玉册至
靈武傳位初上皇每酺宴教舞馬百匹銜盃上壽又引犀
象入場拜舞時祿山大宴胡酋出象給之曰吾有天下雖
異類必拜舞象努目不動祿山盡殺之無滴血流出破痕
復合焚之俱化青烟復宴凝碧池上梨園子弟欷戲泣下
雷海清兄萬春悲憤擲樂器於地大罵西向慟哭祿山怒縛
殿前支解之陳倉令薛景仙克扶風通貢獻之道上皇賢
用乏乏賴得馮大亮餽助導江人其初家貧好道遇有道術
者過之必留連延接唯一牛耕或磨以自給一旦牛死其
妻對泣曰衣食所資在此牛慈母山有道士每過其家憩

歇。累日是時復來。夫婦語之。道士曰。皮角在乎。曰。在。即取皮。攣綴如牛形。斫木爲脚。以繩繫其口。驅之遂起。肥健如（妙術）常。曰。此牛不復飲食。晝夜使之可也。愼勿解其口。余往洛陽。引雷樂宫歸山也。大亮乃以此牛拽磨。力倍於昔。數年其家已富。牧童因盛暑。牛喘甚急。勞而解之。遽成皮骨。（亦有定數）大亮遂改置酒肆。仍好賓客。有樵叟三五人。請飲。常不言錢。雖數益敬。一人曰。我輩入人。明日俱來。共謀一醉。無以人多爲訝。至時樵叟八人偕至。於袖出柟木纔五六寸。栽於庭。盡歡而起。曰。勞置美酒。無以爲報。此樹徑尺。則家財百萬。可貢天子。垂名國史。十年後會於岷嶺巨人宫。當授藥

楊什伍

仙之道句日樹已淩空高十餘丈大徑尺其家金玉自至寶貨自積致富彌甚開上皇幸蜀大亮乃貢錢三十萬貫以資國用上皇欲官之曰臣奉仙人之命今欲赴約岷山也因辭去上皇歎念貴妃輟食忘寐近侍冢求方士冀少安聖慮或有舉楊什伍者漢廣什邡人幼遇道士教擻召之術受三皇天文驅毒厲剪氛邪禳水旱致風雨但木訥踈傲不拘於俗徵至行朝命坐問楊對曰雖冥寞鬼神皆可歷而考召上於內置場以行其術是夕奏曰已於九地搜訪不知其所上曰妃子當不墜於鬼神之伍二日夜又奏曰九天星辰日月虛空杳冥之際遍尋不見上悄然曰未歸

賜通幽

天上復何之矣炷香冥禱彌加懇至三日夜奏曰於人世之中山川嶽瀆祠廟十洲三島江海之間亦訪求不得後於蓬萊之頂南宮西廡有羣仙居止中有女仙謂臣曰我太上侍女隸上元宮上皇是太陽宮朱明孔昇眞人偶以宿緣世念頗重故降居於世我亦謫爲侍衛耳此後半紀自當相見願善保聖體無復甚念也乃取所賜金釵鈿合各半玉龜子一寄以爲信聖上覽此當醒憶矣流涕而別什伍以諸物進上皇潸然良久曰師昇天入地通幽達冥眞得道神人也手筆賜名通幽金銀各千兩良田五千畝紫霞帔白玉簡特加禮異數日問其所受曰臣師西城王

君昔於青城山教各仲之術曰可輔贊太平之君後得
異哉以鍊氣希言自不視聽聲利遠塵囂則可以凌三
界登太清矣又問未知何門而往無所爲礙通幽曰道人
入火不焚入水不溺蹈虛如履實觸實如蹈虛所以然者
形與道合處世之間萬物之衆道皆居之上善其對於是
復念仙道服餌乾枯數年有徒喬汪者在蜀使人訪之汪
佯狂混俗人號爲喬乾枯每戒衆曰勿輕此又吾所不及
曾病口瘡不食數月狀若將死村落人素神之爲設道齋
齋散忽起就枕謂衆曰試觀吾口中有何物乃張口如鑑
五藏悉露同類驚異作禮問之喬曰此足爲此足樂無苦

吳后

脫仙而難於得此耶、

陳忠盛

不知所之、使者還報、給事李麟奏曰、當以國本為重、謹事玄玄何益也○上皇歛容謝之、是秋、帝以廣平王俶為天下兵馬大元帥吳后夢神決脇而生、以泌為行軍長史、史思明攻陷河北諸郡、帝問泌曰、疆敵何時可滅、泌曰不出二年天下無寇矣△指陳方畧瞭如指掌○丁酉春、上皇忽夢一叟、鬚髩盡白、衣黃襦、再拜於前曰、臣孫思邈也、廬於龍門有年、往來峨眉、故特候謁、上皇曰、朕聞先生名矣、今不遠而至、有所欲言乎、思邈曰、臣隱居雲泉、好餌金石藥、聞此地出雄黃、願以八十兩為賜、脫遂臣請、幸降使齎至峨眉、上皇諾、辭然而寤、即詔寺臣陳忠盛挈雄黃八十兩往峨眉宣賜、奉

徐佐卿

詣臺屏風嶺見一黃襦叟貌甚俊古立嶺下曰天子使乎
我即忠邈也忠盛曰上皇命以雌黃賜先生其叟僂而受
旣曰吾有表謝天子山居無翰墨烟命筆札傳寫以進忠
盛召吏執牘染翰叟指一石曰表本在上君可錄之目其
石果有硃字百餘實表本也遂謄寫市畢叟與石俱亡具
以奏聞上皇問叟貌與所夢同益州城西十五里有道觀
依山臨水松檜深寂道流非修習精慤者莫得而居之東
廊第一院尤爲幽寮昔有徐佐卿者自稱青城道士精粹
高古道流傾仰一歲率三西至觀因虛其院之正堂至則
居之三五日或旬朔言歸青城一日忽自外至神彩不怡

謂院中人曰山行偶為飛矢所加尋已無恙可留此箭於堂後年箭主至此宜付還愼無墜失仍援毫記壁云十三載九月九日行此乃去許久不全上皇於暇日偶遊斯觀樂其境佳因遍幸道室忽覩箭令侍臣取視異而詢之道士實對蓋上皇於天寶甲午重陽節獵於沙苑雲間有孤鶴迴翔親御弧矢中之其鶴帶箭徐墜將及地丈許歘然矯翼西南而逝萬衆極目良久乃滅今覩此記始知佐卿即中箭鶴也上皇曰仙客所化如丁令威者也題其額曰白鶴觀斂箭而寶焉蜀老人蘇垣善稽古識地理奏龍州牛心山國之祖墓則天掘鑿致有今日也上皇即命刺史

修築、梁李龍遷葬於此、武后推龍是虎之父、乃鑿斷山脉、在龍安府東、是月、祿山爲其子
慶緒所殺、禄山雙目漸昏、人以爲海青之璽復生惡瘇、性益躁、慶緒遣閹豎李猪兒砍殺之、上皇
知緝墓之力、重賫蘇垣白鶴觀道士潛告佐卿復至、即偹
安車徵至、待以尊禮、問其從來、則曰臣於西晉時避亂入
蜀、藏修青城、不欲馳名於世、得寗眞君傳道籙、入仙籍、挈
會羣眞於東海、宴向偶遊上林、蒙賜此箭、候駕西幸、聊以
爲信耳、上皇謝過、留九日、請還、公卿各贈詩、上皇先賦一
絶、命司封獨孤及揮毫軸上、

羽客笙歌去路催、故人爭勸別離杯、蒼龍閣下長相憶
白鶴山頭更不回、

張鎬

其餘不下百幅皆當代名士佐卿悉留觀中拜辭去上皇
咨嗟竟日帝以子儀爲司空張鎬同平章事鎬字武京南陽人少
勤業歷土房山下有酒家鎬每執卷詣飲一日有美婦在
揖以同飲欣然不拒詞旨明辨明日復往婦已在矣更召
與飲婦曰君非常人願以終身爲託鎬遂與俱歸居山一
年而鎬勤於墳典意漸踈薄時或恚詈婦悲曰君情若此
吾不能久住但得鯉魚脂一斗合藥則足矣鎬即力求授
之婦以鯉脂投井身亦隨下須臾跨一大鯉躍出凌空欲
去謂鎬曰吾空同玉女輔子事功得就同升太清今既如
斯固子之薄福也他日守位不終悔亦何及鎬再拜悔過

尹子奇

◎南霽雲

◎回紇葉護

滂泗攀留婦曰、苦志求名○善保爵祿苟矣○餘不可問、即乘
魚飛去、鎬失神者累月、後爲河南都統、常以所遇話於賓
友、深以爲恨、受知於帝、每言張巡純忠○克當方面、勅巡爲
河南節度副使、慶緒遣尹子奇寇睢陽、巡與許遠苦戰賊
設重圍困之、食盡、羅雀掘鼠、殺妾烹奴、力竭城陷、巡遠南
霽等三十六人皆遇害○帝令張鎬倍道往救、比至城陷、三日、可惜
巡南陽鄧州人母夢張車騎入門而生、節義自矢、材兼文武、
開元末、擢進士第、南霽雲與巡同鄉里、萬春劍南人、皆勇
力善戰、睢陽有張許廟號雙忠祠南雷侍列塑爽如生、初命廣平子儀收復二京、
回紇遣子葉護來助、帝與約克城日、子女玉帛歸之、大軍

韋見素

十六代

張應韶

入西京葉護欲如約虜平拜曰願至東京軍民泣曰眞華
夷主也是冬又復東京回紇大掠僦患之父老請以羅錦
賂之乃止提音至鳳翔李泌求歸衡山勅郡縣爲築室山
中給三品料帝入西京復遣韋見素奉迎上皇楊道幽辭
留故地於後城山頂葺靜室居之門人見有天眞崇降後數
年與羣眞俱去上皇還西京帝泣拜上皇居興慶宮令中人訪申
孫二天師消息云智良與妻妙行同往閬中申公於京都
階日焚香坐化上皇贈號金鼎妙化祖師建祠宮側命追
賜死節功臣帝特降香幣建醮龍虎山賜宸翰贊祖天師
像士龍年九十三化去十六代師應韶字治鳳襲教後即以印劍授子

張顒　載爲年　乾元　李輔國　廣平

十七代顒隱居山南龍鬚井上躬耕自娛○耕地號黃沙坑每據石吹鐵邃聲聞數里一日趣邃端坐而化即葬井傍有仙人藝竈枸樹門師顒字中呼初任貴水尉父命嗣教棄官携眷屬結茅山中性至孝嘗母疾經旬不解帶每曰人不忠孝而欲學道希仙是捨舟楫而涉大川也帝命至師自齋心虔醮二七日始畢使臣報命戊戌春正東京有司言閿鄉縣女媧陵於天寶三載忽失其所在至是復涌出羣臣稱賀二月制復以載爲年改元乾元以宦官李輔國爲太僕射遣其致祭女皇立張淑妃爲后立成王爲皇太子廣平改封更名豫史思明以所部來降張鎬言其凶險難以德懷帝以鎬不切事機再貶

三魚朝恩　思明 史　上元　張龜齡　三張松齡　志和　三荀晉卿

辰州司戶、未幾思明復叛、帝命子儀等九節度討慶緒、官
官魚朝恩爲觀軍容、已亥春進兵圍鄴、慶緒勢窮請思明
營、思明殺之、自稱燕帝、乘勝入洛陽、光弼諸將奮擊、思明
敗遁、與了春改元上元、△三月、擢明經金華張龜齡司、字子母
夢楓生腹上而產、博學善書畫、飲酒三斗不醉、兄松齡器
重爲家寶、至是待詔翰林、賜名志和、守眞養氣、與顏眞卿
王積薪善、常論修煉之事、自言能臥雪不寒、入水不濡、積
薪自得仙傳、奕藝絕倫、常佈婦姑奕局、罄竭心力、較其九
枰之勝、終不能也、因名鄧艾開蜀勢、棄職往東南尋眞不返、夏五
月、帝以荀晉卿爲侍中、劉晏爲戶部侍郎、充度支鑄錢鹽

鐵使、未幾、嚴莊告其矜功怨止、貶通州刺史、晏以七歲舉神童科、爲太子正字、少好道術、聞異人多混迹市肆間、至一藥舖問之、云有三四老人紗帽拄杖、來取酒飲、或覔藥看、亦不多買、似非凡俗、明日合來、晏平旦往、少頃、有道流三人、索引滿飲酒、談笑極歡、晏竊聽良久、一曰、世間還有得似我輩否、一曰、王十八、晏急趨前、三人已逸去、自後每憶王十八者、不可尋求、及刺史南中、過衡山縣、時春初景和、喫冷淘一盤、香菜茵陳之類、甚爲芳潔、爲問盤飧、乃知園叟、

道人化觀遊行、亦是常事、佐卿帶箭雲中、遂同魚服困

且、豈有定數莫逭、否則、何不能預知、

玄眞生有異兆、其於眞道、不假傳授、大約仙骨、指點於夙夜、因未以告人耳、眞卿與之遊、其所得者、應自不少

○○○愚叟舉鋤劚神面　○○慈航現景挌貪心

劉公異之、問鄭吏曰、此菜何所得、答曰、縣官有園子王十八能種、晏急問園遠近、曰、即館後、遂往見○十八衣犢鼻瀧○畦、狀貌山野、望劉趨拜、戰栗、問其鄉里家屬、曰、蓬飄不省、亦無親族○晏命坐、索酒與飲、固不肯○卻歸、晏乃詣縣請十八同往南中、縣令當時發遣、十八亦不拒○（似有好意）破衣草履登舟○晏漸與之熟、見妻子拜之○同坐飲食、形容衣服穢弊、家人並竊惡之、晏獨不憐○去數百里、忽患痢、朝夕困極、舟艙隘窄不離、晏所左右掩鼻罷食、晏深為憭憂○數日遂斃、葬於路隅、晏悲歎不已○後官替歸至衡山、縣令郊迎、既坐、曰、使

[illegible]求救杜
[illegible]法

君所將園子去尋却回應是不堪驅使晏驚問何時歸曰後月餘日即歸云奉處分放回晏大駭即步至園茅屋猶存都無所見鄰人曰王老昨暮去矣晏怨恨加甚向屋再拜涕泣而返○審其到縣之日乃途中疾卒之辰也返殯其塋空棺而已至京爲京兆尹偶得重疾將至屬纊家人圍視叫號俄聞叩門甚急閽者走稱王十八令報一家歡躍迎拜十八微笑入其卧所疾已不知人乃令盡去障蔽及湯藥於腰間取一葫蘆傾藥三丸如小豆大用葦筒引水半甌灌而搖之腹中如雷鳴逡巡開眼蹙然而起夫人曰王十八在此晏涕泗下牽衣再拜妻女僕使並感泣十

行人所不
未行

回薛偉

八悽然曰奉酬舊情故來相救此藥一丸可延十年至期其卻來自取△啜茶一碗告去、劉固請少淹、不可、欲贈以金帛、復大笑揮手不顧○今晏領鹽鐵坐貶、蓋又數年矣、上皇素愛晏、欲見不得、始知遠謫、常夕御長慶樓、召張志和談道、賜飯、父老過者、瞻拜呼萬歲、李輔國惡之、矯詔迎居甘露殿、上皇不懌、因不茹葷、辟穀、寢以成疾、刑部尚書顏眞卿率百僚奉表起居○帝始悔悟、輔國復矯旨貶眞卿爲蓬州長史、眞卿之任、救災恤患、民呼二天○時導江縣（即灌縣）主簿薛偉於青城山跨赤鯉昇天、眞卿往訪遺迹、民爲述之、偉字幽棲、江南人、於天寶末舉進士、初爲扶風縣尉、既蒞蜀任、因

一二三爲九九者老陽之能變者也二四爲六六者老陰之能[illegible]者[illegible]故[illegible][illegible]用九[illegible][illegible]用六龍九九九八十二鯉鱗六六三

縣令陸偉攝縣篆暇即向勝境訪道七夕與顱夫人作乞巧會就寢夢遊龍安山避暑亭至浣花溪愛其清澈乃解衣浴之想魚之洋洋自適不覺已變爲金色鯉揚鬐鼓鬣周處游泳見衆鯉都往晉絳躍龍門偉僉脫若成龍即可昇天入海遂隨衆去跳點額而回龍門水高逆行而上魚之精血聚於頂心如硃筆點過凡鯉頂有紅點俱是龍門回轉世稱下第爲點額本此恰遇漁者綸垂香餌偶戲其鉤忽爲釣起至曉顱夫人見偉魘死方欲問卜有二道人至門曰遊魂爲變不久自醒也遂辭去時漁人賣鯉於縣衙作鱠庖人方舉刀剮刮偉在牀驚醒歎曰世上利名猶如香餌人生大底皆魚也直待刀砧就戮悔無及矣遂

十大龍能隱顯莫測、在天善變、鯉能飛越湖山、莅地神化、大抵得九六之數、皆有變化、天地自然之道也、

㈠杜甫

㈡昌李

㈢妻邵

尹伊

將印務交二尹與夫人徃青城山遊心於自得之鄉、方欲葺茅、夫人見二道坐石上、謝其指示、偉前拜求度、二人笑曰、敢只認得薛主簿耶、偉恍悟身是琴高、因過犯、同田四妃謫下、二人原是安期生、李八百、奉王母命來、發明根性。相對大笑、安期將昔同煉甘露凝珠與服、一時遍體虛雯、向溪中招赤鯉、山頭呼白鶴、琴田跨之、徃崑崙、復命顏公聞之、凡政事之暇、益存心至道、杜甫初至成都、聞有樵子昌李、擔柴將歸、忽崖崩墮傷死、其妻邵哀痛欲殉、有道士自稱尹伊、賜其藥并丹方、走入諸葛廟、不見、李得藥灌甦、歸而依方合丹服之、千日飛昇、婦亦修服、後三年乃去、杜

妙肯、

應前

五 僞燕史朝義
六 眞如
寶應
七 王氷

甫因訪丞相祠堂詠詩歎美至蓬州以此事言於眞卿相與感慨時事是秋子儀統諸道定河北爲魚朝恩所沮辛丑春朝恩請勅先鄧等進取東京與思明戰於邙山敗績帝念張鎬先見召還問賊勢何如鎬曰思明猜忍好殺將有內變三月其子朝義以失愛與部將謀縊殺之自立帝愈重鎬之鑒事後歷爲宰輔年六十而薨秋七月日食旣大星皆見下制去尊號及年號以建子月爲歲首時楚州尼眞如恍惚登天見上帝賜寶玉十三枚云中國有厄以此鎮之尼因有司上獻羣臣表賀改元寶應賜子儀爲汾陽王鎮河東時帝疾不愈大臣薦晉州醫士王氷診治爲湯劑以進帝

△郭子齋

白永王璘

少瘳、以氷為太僕令、氷曰、雖少瘥、終莫愈也、初王氷降世仍其舊氏弱齡慕道志好養生彷弗知夙生事誓願濟救乃精勤博訪於郭子齋堂得張仲景秘本傷寒卒病論皆用黃帝內經而撰內經二帙帙各九卷隋書謂九靈又謂鍼經氷大爲次註合八十一篇名靈樞別撰玄珠十卷昭明隱旨二卷自號啟玄子後年八十餘無疾而終上皇幸蜀時、永王璘節度東南、陰有乘機自立之意、聘孔巢父為從事、巢父側身潛遁、李白因賀知章亡後、欲歸蜀、許氏已卒、遂居於巨廬受爐峯下、有草堂集二十卷△永王欲辟為府僚、白不從、拘留幕府、及帝克復兩京、有人告璘謀叛、子儀討之、璘兵敗自盡、諸從者皆遠貶、白亦坐流夜郎、子儀為白辨冤、乃徵還為左拾遺、白薦巢父高識、召入翰苑、白歎宦海沉迷、辭帝遊洞庭岳陽、欲再過金陵夜泊采石磯邊、對月豪飲、忽天際樂聲漸近、舟次、舟人都不聞、但見風浪大作、有鯨魚数丈奮鬣而起、二童持旌節白前稱上帝旨云、朱明眞人將歸本元星主、暫掌奏牘於嵩山東巖、亦當還位、舟人驚倒、䁥見學士坐鯨背音樂前導昇空、年六十四、帝聞之、勅建謫仙祠旁立捉月亭、是月、上皇崩於神龍殿、年七十八、得壽令終、奉道之効、帝疾轉劇、李輔國謀遷張后尋弑之、帝崩、在位七年、壽五十二、太子即位、爲代宗、帝居諒陰、以侍中苗晉卿攝冢宰、三日、初晉卿久困名場、一年似得復落第、值春和景妍、策蹇衛出都門、貰酒一壺、藉草而飲、酣寐既覺、有父老坐其旁、因揖叟以餘杯飲之、媿謝曰、郎君

元褱

司命君

縈抱耶寧知前事否苗曰某應舉已久有一第分乎曰大有又問可及一郡乎曰向上曰廉察乎曰更向上苗殊驚猛問曰將相乎曰更向上苗怒不信因肆言曰作天子乎老父曰天子真者不得假者即得苗都以為誕老父曰余袁太史也曾相馬周李嶠君其誌之遂揖去苗後訪於人始知為天綱與淳風隱去得道晉卿及第位兼將相至是攝政言皆驗矣是年御史元褱充河南道採訪使至鄭州郊外忽遇昔年同學友人其家世奉道嚴謹母夢天人滿空麾旆旌蓋蔭其宅黃光照身而孕生時聞空中云司命君暫寓此即名司命幼穎悟誦習詩書褱所不及十六歲

皇甫政

陸氏

魔母

忽不知所之、至是遇之、已忘其姓氏、見其衣服藍縷、容色憔悴、懷深憫之、問別後何所事、曰、但修眞而已、邀懷過其家、留騎從於旅次、引入市側小巷、揖立門下、先入爲席、良久出迎、見其容狀偉爍、雲冠霞衣、玉童侍女二五十輩、相引升堂、設饌珍美、請侍御居上席、君與妻同坐、懷莫之測、妙頃奏樂酣飲、達曙告別、君以金尺玉鞭爲贈、行里許、使人還訪其處、無復蹤跡、懷還京、每向同官述其事、有客自越州來、言觀察使皇甫政妻陸氏、有姿容而無子、聞寶林寺魔母堂、黃帝之四妃嫫母、後世誤呼九子魔母、越中士女求子者皆驗、政於暇日與妻至堂、拈香祝曰、祈得一男、請以俸錢百萬搆

畫者是苗龍

叟是樵子

堂宇陸氏亦祝倘遂所願當以脂粉錢百萬別繪神仙既還兩月餘果孕及生男政搆堂三間窮極華麗陸於寺門外築百萬錢募畫工自汴滑徐泗揚潭洪及遠方畫者日有至焉但以其償過多不敢措手一人稱劍南來自言善畫泊寺中月餘一日視堂壁數點頭主事僧曰何不速成之其人笑曰請脩燈油將夜緝其事僧從其言至平明燦爛光明儼然一壁畫者已不見矣○政擇日率軍民大陳伎樂至日午一人形容醜黑長八尺蓑笠荷鋤而至閽者拒之政令放入上堂舉鋤以劃神面壁乃頹剥萬衆鼎沸驚閙武士欲擒殺之叟無怖色政問曰爾顛癇耶叟曰無爾

仙人亦會賣弄。叟妻即陽羨女

善畫耶、曰否、曰緣何劉此像、曰恨畫工之圖上也、夫人與公捨二百萬圖此、今比生人尚不逮、政怒曰、寧有生人而能若是、叟撫掌笑曰、田舍老妻足爲驗耳、政問何在、叟曰、住處過湖南二三里、政令十人隨往召之、叟自葦菴間引一女子、至年可十五六、薄傳粉黛、服不甚奢、艷態媚人、光華動衆、寶林寺百萬之衆、引頸駭觀、顧所畫神母、果不及也、至堦前、陸氏爲之失色、政曰、爾一賤夫、乃畜此婦、當進於天子、叟曰、待歸與親戚訣別、政遣卒五十、侍女十人、同詣其家、至湖欲渡、叟獨在小遊艇中、衛卒侍女與叟妻同一大船、正行時、不覺叟妻於急流處、忽飛入遊艇中、衆惶

上程元振
[illegible]否
廣德
十僕固懷恩
十李抱玉
十馬燧
一薛嵩
十田承嗣
一李懷仙
上李寶臣

怖疾棹趨之、夫妻已至岸、携手化白鶴飛去、元瓌聞之曰
神仙本有遇而不識耳○為作感遇記示人○子儀入朝、宦者
程元振忌其功高、數譖之、子儀遂留京師、是秋盜殺李輔
國、將其首與一臂去、帝以雍王适為元帥、會諸道節度及
回紇進討朝義、取東京、癸卯春、改元廣德、僕固懷恩追及
朝義、犯圍出縊死、回紇歸國、所遇抄掠、陳鄭節度使李抱
玉欲遣官屬置頓、馬燧獨請行、回紇皆遵約束、抱玉奇之
燧曰懷恩恃功驕蹇、內樹四帥(薛嵩田承嗣李懷仙李寶臣)外交回紇、
宜深備之○燧少貧賤、遊北京、謁護戎府主、誤犯忌諱、逃死
狼竄、日暮匿敗室中、見一布衣長身女人、携一樸至曰吾

胡二姊

夜义

胡二姊也知君是北嶽謫過仙官故來相援今夜有異物恐撓擾不得動過此厄後勲貴無憂乃解襆中熟肉胡餅授之又以灰數斗横佈遂前而去燧餒甚食之飽静伏近半夜有物閃閃照人漸近乃一夜义長丈餘赤髮金牙吐火獰目豹皮褌蓮花义跳躑哮吼鐵石為之銷鑠燧之惴慄殆喪魄亡弱矣然夜义終不敢越所佈之灰久之乃撤門扉藉而寢候護戎索燧不獲散鐵騎分逐至此相謂曰馬生必逃蔽於此數人各持兵入衝踏夜义奮起大吼裂人馬噉食血肉殆盡夜义意氣徐步去五更月上燧覺寂静始出見骨血狼籍獲免此難膽氣漸壯至是叅賛抱玉

嚴武　王維　王縉

後立大勳官爵寵崇詭胡二娘之由是憂徵懷恩入朝不得每春秋享祠別置一座於廟左不至秋七月吐蕃兵渡便橋帝出幸陝州長安剽劫一空子儀至商州泣諭將士進取吐蕃驚遁詔子儀留守西京削元振爵放歸復以嚴武節度劍南武字季鷹善詩文帝嘗問國初有孫思邈爲何如人武對曰高談正一則古之蒙莊子深入不二則今之維摩詰帝因問王維出處武曰維字摩詰太原人於開元擢進士第一遷尚書右丞工草隸善琵琶築輞川別業自圖其景以紀勝上元初卒其樂章最多下詔徵覽其弟縉上之讀而歎賞武甚重焉謀杜甫字子美杜預之後居京兆杜陵號少陵拜右拾遺與李白齊名時稱李杜流落劍南

晚節不終

袁鼂

胡矮子

龍女

結廬浣花溪其武常載酒訪之其牢騷多見於詩雍王結爲社友有集六十卷世號詩史卒於大曆中甲辰春立雍王爲皇太子懷恩反寇太原子儀持節如汾州数萬衆悉歸之帝召光弼代鎮河東竟擁兵不朝未幾卒詔稅青苗錢以給百官俸時浙東西凶荒臨海縣賊袁鼂作亂始寇括州時有賊船東漂數千里遥望一山青翠森然有城壁五色照耀廻舡就泊見精舍琉璃爲墻入房廊寂不見人惟有胡矮子二十餘器物悉黃金無諸雜類衾茵皆重錦炳煥有金城一所餘碎金堆積無數賊等競取一女人從城出可長六尺身衣錦繡服紫綃裙見衆謂曰汝非鼂黨

慈心仙人（即慈航）

二曲葉

上謝詮之

上劉彦廣

耶、此物與爾何與、輒敢取之。向見猨子汝謂狗乎、此皆龍也、所將之物。吾誠不惜、但恐諸龍蓄怒、前引汝船耳。賊衆列拜、各送物歸本處、因問何所、女曰、鏡湖山慈心仙人修道處、汝等不出十日、必有大禍、宜深慎之、賊因乞便風還岸、女回頭處分、俄而風起、牟賊拜別、揚帆數日、至臨海、船上沙塗不得下、為官軍格死、時晁破滅、唯婦人獲存、一婢名曲葉、為浙東押衙謝詮之所得、因述其事、初唐若山領浙東、有故吏劉彦廣（金陵磵壁倉人）、時奉括州刺史命、以平賊申奏、路經揚州、忽遇若山於魚行、搭魚貨之、劉驚異、趨拜、若山曰、自別二十餘年、汝何尚沉此職、因召至其居、門巷陋

以是法待及者即以是法度人

隘蒿榛荒梗霧草露瀰漫纔通人行百餘步漸平廣花卉臺榭繁華之飾迫非世有命坐設食聞其尚欠官錢家室窮罄深憫之令於所止店中備生鐵及炭是夕唐詣其店置炭鐵烈火而去謂曰汝後世子孫合於仙山得道汝宜貞隱丘園可也。此炭中金以三分之一支官債其二豐產資家勿食珍羞。以增爾祿。勿衣綺繡。以增爾福陰功及人濟人之急道之所重也。矜孤惜寡。敬老憐貧

薛偉夢境作游鱗非庖手不能復生矣去來生死總屬幻境。恐魚恐仙。原是人爲。於此知人道要緊。
嫫母容何似畫工固難措手苟能熟識然猶詳慎月餘成於一夜乃犢子劉之且出妻以證貌果驚人惜更無傳

永泰

裴諝

忠言匡救

裴忱

○崔希眞雪天贈畫　○張志和水上御鶴
度人上品五千文妙經當勤而行之賴有福神治世華夏
清寧勿蹉跎也彥廣得金如言償官債畢營家業於襯壁
潛修時懷恩引回紇吐蕃入寇詔子儀出鎮奉天虜遯還
鎮河中乙巳改元永泰夏四月以裴諝爲河東租庸使入
奏事帝問榷酤之利歲入幾何諝不對復問對曰河東菽
粟未收農夫愁怨陛下責臣以營利是以未敢對也帝謝
之復以其姪忱爲同州司馬忱嘗候其再從伯自洛往鄭
州日晚道左聞呻吟聲下馬披蒿萊尋之見一病鶴垂翼
俯咮翅上瘡壞無毛惻然哀之忽有白衣老人曳杖而至

曰郎君解哀此鶴耶若得人血一塗即能飛矣恍頗知道性高逸遽曰某請刺臂血（仁心）老人曰此志甚嘉然須三世人（更難）血方可（得）君尚未是唯洛中胡蘆生三世人矣郎君非有急切豈能却至洛而爲求耶恍欣然告返訪見胡蘆生具陳其事拜祈之生無難色（卻是奇人）取一石合子大如兩指以針刺臂滴如乳下滿合以授恍曰無多言也復至鶴處老人喜曰固是信士乃以血畫塗鶴瘡上言與之結緣謂恍曰我所居不遠可少留也恍以丈人呼之隨行數里至一莊竹落草舍庭無狼籍恍渴甚求茗老人指一土龕曰中有少漿可就飲之恍視龕中有杏核一扇大如笠中有漿色正白

曾子見一鶴被人射傷乃收歸養療而放之[illegible]來[illegible]得服杏酪辛甚

二高適

仁王經

力舉飲之味如杏酪不復飢渴。忱願拜為僕。老人曰君有世間微祿不可久住。賢叔謂真有得者吾與之友出入遊處。君自不知耳。今有一信。邀君達之。因裹一幞物大如羹盔。戒毋竊開。共視鶴瘡已生毛矣。謂忱曰向欲吾藥當哭九族。但須戒酒色。忱還洛下將竊開其幞。四角皆有赤蛇出頭乃止。致其叔開之有物如乾麥飯。謂食之遂入王屋山養靜。忱不能斷酒絕欲後入蜀。居劍門山壽百九十而終。渤海侯高適字達夫初舉有道科。與裴氏叔姪交厚同獻仁王經言泰之多諸利益。後積功封侯。至是卒。九月帝出仁王經二寶輿載之。百官迎從至資聖西明寺講之。以薦亡祓菑。是月懷恩復誘

藥葛羅　大曆　元載　黃道進　黎瓊仙

虜入寇中途暴疾而死回紇吐蕃合圍涇陽子儀單騎免
胄而前執藥葛羅手責其負約釃酒爲誓諸酋長羅拜曰
單中丞言此行安穩見一大人而還信矣吐蕃聞之遁跋（此必不誣）
元大曆是夏括州大旱李陽氷時爲縉雲令禱於城隍約
三日不雨焚其祠如期雨大降秩滿居吏隱山多題篆
刻宰相元載專權請百官論事先白宰相顏眞卿上疏以
爲不可載謂誹謗貶峽州別駕尋移撫州暇時訪花姑仙
壇荒蕪闕人住持召仙靈觀道士黃道進二十七人住洞
靈觀又以高行女道黎瓊仙七人居仙壇院眞卿撰仙壇
碑并書丁未春子儀入朝云眞卿李泌不可久處闕數戍

申夏徵泌於衡山賜金紫爲作書院於蓬萊殿側帝時過與議欲相之固辭聞鍾陵客崔希眞善鼓琴工繪事好修養術言於帝召之已去矣希眞於去年十月朔臨晨出門方大雪一老人簑笠避雪廡下異之揖以入去簑笠見神骨非常益敬之問曰家有大麥麵即以充飯可乎老父曰大麥受四時氣穀之善者也能沃以豉汁則彌佳崔命家人具之又獻松花酒老曰花澁無味野人能令其醇於懷中取一丸藥色黃而堅以石碎之置於酒味頓甘美復以數丸遺崔曰服此可以延年請問姓氏笑而不答崔入宅於窗隙窺見其於幃幄前所掛素上如有所塗瞬息而罷

葛璝　李涵光　弘孝威

少頃復具饌獻崔復入內而出則已去遂踐雪尋踪數里至江入蘆洲中見一大船中數人皆奇狀而老父在焉崔遍拜一人顧笑曰葛三乃見逼於伊人回謂崔曰尊道嚴師之禮不必然也子自有明師後當遇之遂放舟去崔歸視幄中得圖焉有三人二樹一白鹿一藥笈其二人手執玄芝一倚樹樹似栢斷幹爲風所敗根相連屬非常意所及後聞茅山李涵光有道將圖并丸往問李曰此稚川第三子璝所畫也寫神人形似朽木若謂得道者壽過松栢耳其藥乃千歲松膠不易得者也崔服之遂辟穀棄家涵光（一名含光本晉陵浮儒）眞隱先生弘孝威之姪爲人忘情周物潔已齋心常謂

道德經乃帝王之師撰論三玄異同帝見其著述召語深契其旨加號文靖先生請居茅山皆稱天師魚朝恩久慕其名因遣人致意求養生之說天師曰道德者公也輕舉者公中之私也雖見其私亦聖人之存教若求生徇欲類於捕風捉影我不知也遂怡然順化使者回報朝恩歎息

○楊泰明緣曰乙酉春長安令楊泰明求謁子儀勸令公勿輕殺以享全福公然而謝之泰明恬淡不貪祿素默敬禮文昌

○九天使者帝君依大洞經行持常造松柏香禱於九天使者屏跡塵世一日語家人曰吾將往晤謂仙官也遂不復返時陵州

○諱宜有司奏譚子池中異帝遣朝恩往祀譚子名宜陵川民叔

四

皮之子開元末年生墮地即能言數歲身逾六尺髭鬚風骨儼若成人不飲食行及奔馬二十餘忽失所在遠近以爲神人鄉里立廟祭之大曆元年忽還霞冠羽衣白父母曰兒爲仙官不當久在人世雖憶念然不宜作此祠廟恐爲物所憑妄作威福以害人請毀之廟基下黃金甚多撤廟後鑿地取金分散貧民救濟鄉黨言訖騰空去父母如其言毀廟掘地得金無數所掘處靈泉湧出澄澈異常積雨不加至郡邑禱祝池上皆靈應因名譚子池旱不減△亦謂之天池進士周郭鎔爲詩紀其事朝恩齋旨虔祭池中起白氣一縷冉冉遶抱其身駭而逐庚戌春元載密奏朝恩專恣帝令縊殺之載

韋頌

忌李泌有寵出為判官帝晝寢夢一人曰太華山有黃帝壇盍訪而封拜之當獲大福帝覺即日詔監察御史韋頌馳驛詣尋至山下州縣陳設一店具飯所有行客悉令移之一老翁謂店主曰韋侍御一飡即過吾老病不能他去但於房中坐得否店主從之少頃頌至聞房中嗽聲遣人視之乃一老父訪其何姓答曰姓韋頌曰相與宗盟合有繼敘遂與同席老父因訪頌之祖父官諱又訪高曾為誰頌曰曾祖諱某任某官高祖奉道不仕隋朝入此山中不知所往老父喟然歎曰吾即爾之高祖也初名從有二子爾即吾小子之曾孫也豈知與爾相遇頌涕泣再拜父止

之曰今爲嫡祖母及二祖姑單入郭求少脂粉耳有一布襆背曰襆內有茯苓粉片欲貨於市爾將何之頌曰奉勅於此山求眞壇州縣及鄉人莫有知者父曰蓮花中峯有一古壇髣髴餘址此當是也遂與頌同宿絕粒不食但飲少酒及人參茯苓湯明日頌將入山父曰與爾同去頌以馬讓之父曰吾當杖策先行頌乘馬奔馳常在前二十步至山足道險下馬隨行里許見三嫗在石室父曰此爾祖母祖姑也頌悲泣拜見祖母可八十歲許姑各四十許狀俱垂髮各木葉爲衣相見甚喜謂曰年代變遷一朝得見玄孫欣慰久之頌與父上山訪壇登攀危峻頌幾疲父步

漁童
樵青

若飛回顧而笑直至中峰西南隅果有一壇頌灑掃拜謁立標記而回却至石室頌曰奏報畢當請假覲視父曰努力事君無相念也頌回奏帝歎異遣頌齎手詔入山令刺史禮邀數日尋訪不獲詢山下故老云自幼見其每二三年一至城郭顏狀只如舊頌望山慟哭而回帝聞之悵恨具以其事跡宣付史館辛亥春元載又移置眞卿於湖州至任公事之暇因訪張志和寶應初志和爲親喪致仕肅宗賜奴婢各一志和配爲夫婦男曰漁童一作牧奴女曰樵青使棹小舟遊行人問其故答曰漁童使其奉釣收綸蘆中鼓枻樵青使其蘇蘭薪桂竹裏煎茶歸與兄松齡同隱著

韋詣　陸鴻漸　徐士衡　李成矩

玄真子即以自號、有韋詣者、為撰內解、志和又著太易十
五篇、其卦三百六十有五、遨遊江湖、號烟波釣徒、一作烟霞釣叟、
垂釣不設餌、志不在魚也、以舟為居、行無常處、偶泊宜州、後人爲築
釣魚臺、聞真卿來謁之、真卿見舟敝漏、請更之、不可、欲舘於
精室、謝曰、願為浮家泛宅、往來苕雪間、善圖山水、酒酣或
擊鼓吹笛、嘗撰漁歌、舐筆輒成、真卿與客陸鴻漸徐士衡
李成矩等會飲、皆一時名士、倡和為漁父詞、志和首唱曰、
西塞山邊白鷺飛。桃花流水鱖魚肥。青箬笠。綠蓑衣。斜
風細雨不須歸。人間欲避風波險。一日風波十二時。
諸賢共和二十五首、遞相誇賞、志和命丹青剪素寫景夾

詞須史成五本花木禽鳥山水景像奇絕蹤跡古今無倫。眞卿與賓客傳玩歎服。今猶傳寶其書。鴻漸問其孰與往來。對曰。太虛爲室。明月爲燭。與四海諸公並處。未嘗少別。何有往來。松齡恐其放浪不返。爲築室於越州東郭。茨以生草。椽棟不施斤斧。和詞招之。

樂在風波釣是閒。草堂松桂已堪攀。太湖水。洞庭山。狂風浪起且須還。朝廷尚覓玄眞子。何事深藏山水間。

志和還居之。豹席㯗橋以爲遯世。觀察使陳少遊往見。爲留終日。表其居曰玄眞坊。以門隘。爲買地大其閎。號回軒巷。門阻流水無梁。少遊爲構之。人號大夫橋。眞卿遊平望

韓滉　石巨　巨子　十姥

驛志和酒酣爲水戲鋪席於水上獨坐飲酌笑詠其席來去遲速如刺舟聲復有雲鶴旋覆其上眞卿親賓叅佐莫不駭異尋於水上揮手謝眞卿上昇而去其浮席處即鸞脰湖也辛亥六年帝以韓休之子滉判度事爲人廉勤精於簿領作賦斂之法値歲豐稔倉庫始充幽州常苦旱有石巨者胡人爲勑之後性好服食忽遇疾百餘日體羸而神不衰謂其子曰[illegible][illegible]有卜人可暫屈問子還云但一老姥耳巨曰正比可召予延至巨臥堂前紙槅中姥徑造巨所言甚細密巨子在外聽之不聞良久姥去後數日旦有白鶴從空下穿巨紙槅入巨所和鳴食頃化鶴俱去巨子往臥所不復見即

三 金參軍

一 朱泚

隨鶴奔去至城東大墩上見大白鶴數十相隨冉冉而滅節度使李懷仙召巨子曰此妖訛事必汝必得仙境內苦旱當爲致雨不雨殺汝巨子歸焚香上陳懷仙使金參軍齋脯至巨宅致祭其夕大雨遠近皆足以其靈應乃於宅立廟歲祀未幾懷仙爲其將所殺詔朱泚代之乙卯春魏博田承嗣反詔發諸道討之承嗣謝罪與諸節度結爲盟期以土地傳之子孫承嗣患肺氣遇熱增劇每曰若移鎮河東納其涼爽可延數年之命乃募武勇十倍者得三千號外宅男而厚其恤養常令三百人夜值州宅下選日將并潞州薛嵩憂懼咄咄自語（薛女嫁田子）夜遍將傳猶杖策庭

際、嵩家有青衣號紅線者、善彈阮咸、（晉阮咸善此、因名、）通經史、嵩使掌牋表、爲內記室、嘗大宴、軍中樂作、紅線曰、羯鼓音悲切、擊者必有事也、嵩素曉音律、召問之、云妻昨夜亡、不敢求假、嵩遽放歸、而甚異紅線、時線侍堦側、啟曰、主自一月不遑寢食、豈爲鄰境乎、嵩曰、非爾能料也、線曰、某誠賤品、亦能解主憂者、嵩異其語、問計何出、線曰、此易與耳、某請至魏城、覘其有無、今一更首途、二更可復命、請先定一走馬、具寒暄書、其他侍某迴也、嵩曰、然事當濟否、線曰、無不濟、乃入房飭行具、梳烏蠻髻、貫金雀釵、衣紫繡短袍、繫青絲輕履、胷佩龍文匕首、額書太乙神名、再拜而起、嵩乃閉戶背

燭危坐常飲不過数合是夕舉觴斗餘不醉忽聞曉角吟
風一葉墜露起視即線廻矣慰問事諧否曰幸不辱命亥
刻達魏凡歷数門遂及寢所外宅男止於房廊睡聲雷動
中軍士卒徒步於庭抵其寢帳田親家翁醉眠帳內頭枕
文犀髻包黃縠枕前露一星劍前仰開一金合內書生身
甲子與北斗神名復以名香美珠散蓋其上侍人四布寢
卧狼籍遂持合以歸夜漏三時往返七百里冀減主憂敢
言其瘁嵩乃發使入魏遺書曰夜有客從魏中來云自元
帥床頭獲一金合不敢留駐謹却封納使者明晨至而請
見承嗣遽出既見合驚怛絕倒遂專使具厚禮於嵩答書

曰某之首領繫在愚私便宜知過自新。不復更貽伊戚。由是皆傳潞州有異人往來河北河南信使交至忽一日線辭去嵩曰汝長我家今欲何往予方賴於汝豈可議行童牛之牿豶豕之牙

漸水辟於海隅恒為盜藪諸賊沿為剽掠故慈航攝至以格其貪心噫孰謂愚迷不省八百之試已甚而能從之然特可以試公昉他人恐不能於養鶴用人血猶之療人用生物。亦無足異惟用三世人鴿異耳嗟嘆豈真是耶亦見輪廻還轉善惡升沉能三世為人不致改頭換面為難得也葫蘆生誠足重哉墳之特訪希真諸仙臨江玩雪景狀令人想像不盡志和雖混跡人間所交非凡品但其泛宅風波惜乎無繼

劍仙誅鋤姦惡濟拔艱危若線嵛屬恨不能衣裳就之

世稱溧陽邢叟

新刻王掞黌先生評訂神仙鑑二集卷之十六

江夏明陽宣史徐衜述

汝南清眞覺姑李理贊

林屋玦樓秘本

○○俠士能携赤玉出　○○○蠶奴無意水精居

紅線曰、前生本男子、以醫術遊江湖、有孕婦患蟲癥、某以芫花酒下之、婦與腹中二子俱斃、陰律見誅、降爲女、特以存心濟物、過悞所殺、故得遇眞人、教以劍術、指破前因、今兩地保其城池、萬人全其性命、可以贖前罪、得還本形、便當棲心物外、澄清一氣、生死長存耳、嵩以千金爲居山之所、線曰、事關來世、安得預謀、嵩知不可留、乃悉集賓友餞

二冷朝陽　回楊綰　二黎幹　二崔寬　二崔期

爲薦別座客冷朝陽爲詞以送之

採菱歌怨木蘭舟送客魂消百尺樓還似洛妃乘露去

碧天無際水空流

嵩執酒歌送不勝其悲綫拜且泣曰顧公謙退遵法永保富貴固偷醉離席遂亡所在丁巳春有密奏元載夜醮圖不軌帝賜自盡召李泌入泌薦楊綰清簡以爲同平章事制下日子儀方宴客減座中聲樂京兆尹黎幹即省騶從中丞崔寬第舍宏侈亟毀之寬子期爲千牛值汾陽王有疾期字天慶奉命往省召入室命坐與語期容止都雅時三妓艷皆絶代以金甌貯含桃擘之沃以甘酪而進子儀命

紅綃

崑崙奴

磨勒

衣紅綃者擘一甌與崔、赧不食、綃以匙進之、始食、遂辭去、子儀囑以暇即相過、命綃送之出院、崔回顧、綃立三指、又反三掌、後指胸前小鏡子、云記取、崔歸凝思、終日崑崙奴磨勒者、勤謹樸誠、見崔曰、郎君心事、非由於郭府乎、但言之、老奴當為解釋、崔異而具述、勒曰、立三指、郭府十院歌姬、此第三院也、返掌三指、鏡者、十五夜月圓、有望於郎君耳、崔曰、何計能達、勒笑曰、易甚、至期、負崔逾十重垣、見第三門、繡戶不扃、金釭微明、聞吟歎聲、崔搴簾而入、因紅綃院也、相見驚喜曰、知郎君頴悟、能解手語、第不識何術至此、崔為言磨勒、召入、姬以金甌酌酒飲之、謂崔曰、某家本

朔方爲大帥逼獻終非所願賢爪牙既有神術何妨爲脫
陷阱勒前曰娘子數合與郎君爲配願遂成之便當速去
遂負兩人飛出峻垣及旦郭公知之戒家人曰此必俠士
挈之無更聲言徒爲禍耳後二年花時姬駕小車與崔遊
於曲江爲郭府家人所見白於公召詰之崔不敢隱公曰
紅綃歸子誠佳耦也然磨勒不可更留命令之來崔至家
與言勒曰無傷也徑往公命人責其作竊勒曰王勲在帝
室功高天下奈何受人之獻不察所從此姬非賤族也合
與崔家郎爲耦故出之耳公怒其言妖命闔户使甲士攢
矢射之益以兵仗磨勒持匕首飛躍瞥若翅翎疾同鷹隼

千崔寧
四花卿
張殖

頃刻不知所向。後崔家有人見其賣藥洛陽市，容狀如舊。公曰：頃請臣言世有劍仙，此蓋是也。是夏入朝，極言眞鄉忠直，詔封魯國公。秋霖雨，河中鹽池多敗。韓滉奏雨不害，仍有瑞鹽，請置神祠。帝賜號寶慶。西川節度崔寧有大將花卿，字敬定，封嘉定縣公。爲蜀寇竊發，深入賊陣，部伍莫繼，卽騎齒戕，已喪其元，猶荷戈還至鎭，下馬沃血，適浣沙女曰：無頭何以盥爲。卽僵仆，居民葬之溪上。寧表其異，使者發已三日，忽於案上文籍中見所奏表，淨本猶在函中，表草蓋倏封，計人馬之力不可復追，憂惕不已。聞張殖者，彭州導江人，有道術，召而語之。殖曰：此易耳，不足憂也。乃炷香一爐，以淨表置香烟上，飛去，食頃，所

姜玄辯

封表草墜於殖前、及使回、問之、並不覺、進表時、封題印署如故、勅有司廟祭寧遂深禮於殖、問所受術之由、殖云某師姜玄辯、玄辯至德中、於九龍觀搭力焚掃數歲、捨殘缺四五紙、是太上役使六丁法、咒篆備足、乃選幽谷依法作壇、持咒晝夜精勤。本經云、一十四日有驗、師為九日而應、有黑風暴雨至而壇場不濕、又有雷電霹靂奇狀、神鬼繞之、須臾有鐵甲兵士數千、嗷噪而下、總不驚怖、神兵行列、如有所候、隨見天女著繡履繡衣、大冠佩劍、立問呼召何所求、師以術數為請六丁兵仗、一時隱去、每日一丁侍之、凡所徵立應。殖求其術、師曰、術與道相須而行、術以濟世、道以延長

四崔祐甫

〇〇玄覽

知道而不得術如欲適萬里而足不行術者雖萬端變化未除死籙固當棲心妙域注念丹華立功助於外鍊魄存其內內外齊一可以適道登霄神仙萬餘自皇人統領置官府分曹僚以度人吾等觀道之纖芥未造其玄微龍蛇之交須汝入洞府朝真師庶可以講長生之旨師隱去二十餘年今值丁巳歲當隨師登洞天矣是年玄解果引殖去戊午春新羅國貢白鵲子一頭帝以賜崔寧用搏狐兔十數是夏朱泚獻猫鼠同乳者以為瑞崔祐甫曰物反常為妖何賀為已未春帝患腳倦疾出語氣短政事息理欲仗佛力延壽內侍言荊州陟屺寺玄覽禪師道德高妙遣

張璪　符載　衛象　僧那　義詮　德宗适　建中　段秀實　桑道茂

使召之璪所居寺張璪書古松於齋堂壁上符載贊之衛象書之爲一時三絶璪懸加堊焉曰無事疥吾壁僧那者即其甥爲寺之患發尾探㲉壞墻薫鼠璪未嘗責之弟子義詮布衣粗食璪亦不稱或有議者璪乃題詩於竹上曰

欲知吾道廓不與物情違大海從魚躍長空任鳥飛

其風韻瀟灑如此宜召不應促之璪曰不能待吾至矣使者復命帝已於五月崩矣太子即位爲德宗尊子儀爲尚父立誦爲太子以崔祐甫楊炎同平章事庚申改元建中炎專復恩讐奏徵涇原節度段秀實爲司農卿詔朱泚代之有桑道茂者涇州人師左元放授道術能前知吉凶帝召

道欽

試皆驗至是六月道茂上言陛下不出數年暫有離宮之危臣望奉天有天子氣宜高大其城以備非常帝素神其言遂命發丁夫數千與六軍雜往城之楊炎復奏劉晏與朱泚書辭多怨望詔賜晏死晏初貶忠州刺史釋氏道欽住陘山人問其道率爾而對皆造宗極晏乞心偈欽令執爐而聽再三稱諸惡莫作衆善奉行晏曰三人童子皆知之欽曰百歲老人行不得晏拜稱爲名理未幾得疾忽門吏報故人王十八要見命迎入曰自別相公不覺三十年晏感歎頗極又復懇求十八曰所疾即愈且還吾藥以塩一兩投水中令飲大吐出藥三丸顏色如前服者索香湯

劉公堂姪　田悅　李順　贊者

洗之、時晏之堂姪侍側、猝攫二丸服之。十八熟視笑曰、汝有道氣、我固知爲汝掠也、趨去不復言別、至是詔至晏遂自縊死。辛酉夏、魏博田悅冦邢洺（承嗣卒、代爲節度、）朝議恐絕糧運、詔韓滉爲鎭海軍節度使、滉强悍自負、常有不軌之志、有商者李順泊京口堰下、夜深斫斷漂船、不知所止、及明抵一山下、風稍定、上岸尋求、微有鳥徑、行五六里、見一人烏巾岸幘古服、畏揖相引登詣一宮迨非凡世、入門數重庭除甚廣、望殿遥拜、有人自簾中出曰、欲寓金陵韓公一書、無訝相勞也、出書一函、順拜受之、贊者引出門、因問何處、答曰、此北海廣野之下、都滄洲去南國數萬里、人多不

死所居金闕銀臺玉樓紫閣自孔宣父歸眞常巡理於此
韓公即仲由也好勇性強夫子故以書諭之送順還舟戒
之曰安坐勿驚懼不得顧外違戒必致傾覆舟中人皆如
其言遂巡復達舊所順詣衙投書滉發函視之古文九字
了不可識詰問其由拘繫順爲妖妄復博訪能篆籀者數
輩皆不能辨有一客龐眉野服首詣賓位言善識古文滉
示之客捧書於頂再拜賀曰此宣父之書乃夏禹科斗文
也文曰告韓滉謹臣節勿妄動滉異禮加敬問客姓氏答
曰洞庭老人欲往晉州送福祢歸位遂別去滉默坐凝慮
了得廣野事非遙厚遺謝順自是恭勤謙謹克保始終六

盧杞

㊂盧奕 罵祿山死節

㊂麻婆

月、尚父郭子儀薨、年八十五、諡忠武。八子七壻、皆為顯官、每赴壻官秩面必長事過復舊。其平日見客、姬妾環列。中丞盧杞問疾、子儀悉屏侍妾。或問其故、曰、杞貌陋心險、好人輩必笑。他日得志、吾族無類矣。杞、懷慎孫、奕之子、滑州人。少俊彥、甚貧賤、居東都廢宅、鄰嫗麻婆亦孑然。杞嘗臥病、婆憫之、常為作粥食、月餘病愈。杞謝之、每日向晚外歸、視如己親。一夕見金犢車子在婆戶外、杞驚異窺伺、見一女子年十四五、真神仙人。明日潛訪婆、婆曰、郎君莫要作婚姻否。杞曰、貧賤安敢望。婆曰、何妨。既夜、曰、事諧矣、請齋三日、會於城東廢觀。既至、見古樹荒草、久無人居。逡巡雷電震耀、風雨暴至、化爲金壁樓臺景物華麗儼然有輜軿降空即所見女子也與杞相見曰上帝遣於人間求偶君有仙骨故令麻婆傳達更清齋七日當再奉見呼婆付藥兩丸忽失女所在竹木荒涼如故婆與杞歸钁地種藥斯須蔓生未移刻一葫蘆生於蔓漸大如兩斛甕婆以刀剖其中及期令杞具油衣三領各居一葫蘆風雲騰上碧霄惟聞波濤聲迤邐東去謂杞曰莫寒否令著油衣如氷雪中行復令著至三重始得溫暖問去洛陽多少婆言已八萬里良久葫蘆止息乃見樓臺皆水精牆壁被甲仗者數十婆引入女子居殿侍女數百人命杞坐具酒饌婆屏息立諸衛下女子曰郎君

太陰夫人

合得三事取一可者言之若欲長留此宮壽與天畢次爲地仙常居人間時得到此下爲中國宰相杷曰在此實爲上願女喜曰某爲太陰夫人仙格已高郎君便當白日昇天須執志堅一不得改移以致相累也仍須啟上帝乃索青紙爲寫疏當庭拜奏俄聞東北喧然云帝使至夫人與諸仙趨降有幢節香旛引朱衣少年立階下宣帝命得狀云盧杷欲住水晶宮如何杷無言夫人但令疾應又無言（可惡）夫人及左右大懼馳入取鮫綃五疋以賂使者欲其稽緩（薄福小人）食頃又問杷大呼曰丈夫幸若寒窻欲得人間宰相朱衣趨出夫人失色令婆速領去驅入葫蘆仍聞風雨聲至地

杞之陋劣生於心由來乃如此

一張鎰

上關播

一關康之

李晟

王武俊

二朱滔

二李希烈

則在舊居塵榻依然時已中夜訪盧與婆不見杞自此容
貌漸變龍唇豹首鬼臉青色大曆間舉進士襲職爲御史
帝悅其口辯以爲同平章事是秋杞譖楊炎有異志貶至
中途縊殺之帝以張鎰關播同平章事後鎰亦爲杞排死播字務元雲
後長之其祖康之愉字侑善左氏春秋有種數辟不就隱居蜀中是
冬詔馬燧李抱眞李晟討田悅悅敗走壬戌春帝發盧龍
諸道軍討王武俊朱滔反與悅相結約共稱王詔李希烈
討淄青悅閉希烈亦懷怨望遣使勸稱帝希烈遂稱天下
都元帥癸亥春攻陷汝州帝問盧杞杞素惡顏眞卿忠直
令遣宣慰眞卿乘驛至東都希烈使養子千餘環罵拔及

一姚令言　四陸贄　士渾瑊　四李懷光　楊集

相擬眞卿色不變希烈麾衆退延入館禮之詔發涇原諸
道兵救姚令言將兵冒雨寒至京得厚賜無所犒鼓譟趨
京師帝出走亂兵謀立朱泚羣臣議稱帝段秀實唾泚大
罵以笏擊其額血濺地賊黨爭殺之泚僭稱秦帝幸奉天
陸贄渾瑊至衆恃之稍安泚犯奉天瑊音堅血戰乃退神策
使李晟聞被圍晝夜兼行朔方節度李懷光入援泚遁歸
楚州司馬楊集致仕長安遭泚從駕不及乃避亂至華陰
宿夜有老人戴大帽至店就爐向火集因其耆耋與酒食
問姓氏曰姓楊詰其祖先云越公最近集爲素五世姪孫
異之復問曰越公李密名隋遭楊玄感之亂亡命遇道眞

集再拜曰吾上祖也老君知汝過此故來相看若精心修
善可得再見集拜領其教當晚捧足而睡明早起視不見
自此名利心益淡隱於嵩洛間與懷光有舊致書教其盡
力討賊懷光既解奉天之圍上表暴把罪惡衆論喧騰剌
大帙
貶為新州司馬後死澧州於時南方藩鎮各閉境自守唯江南
節度曹王皐數間道貢獻未離衡州時有道術士張山人
王甚敬之嘗獵得羣鹿十餘頭圍已合討必擒獲無何逸
其踪以問山人山人曰此術者所隱索水以刀揚而禁之攢視
水中見一道士長纔及寸頹[illegible]拄杖山人取針刺其左足
遂跛足而行告王曰向北逐之易得追十餘里果見跛道

士與水中者不堪以走命避之道士笑而來山人誠王勿
怒責但以禮請道士至王問鹿何在曰向哀諸鹿死所共
禁隱然不敢放今在山側王遣左右視之諸鹿隱山溝不
動王問患足之由曰行數里忽患王召山人與見乃舊識
也相視大笑其足尋平復山人請王放諸鹿未幾道士別
去鹿既釋於山

侯復就於道
殖得玄旃之術靈通乃爾亦咒禁之眞也余願得而鍊
之十八之丹能免晏瘵而不能救其死無仙緣者何可妄
眞
混躬負米絕似供觀本色孩孝作思全受師尊寄書如
力
把爲奕子忠臣後也故麻婆引入水晶瓶底藏賊擒獵
乃甘心通[illegible]其與[illegible]

祖珍儉
陳寨
鈕婆
李生
何諷
脉望
本曰蟫一名蛃俗呼蠹魚即衣書中白魚

〇〇〇賈師得數鮋 道書 〇〇〇梵僧播三昧幻術

張山人曰郴州連山觀侯生也與祖珍儉陳寨鈕婆李生
等數人皆探梵僧難陀術爲有嗔心不得度世及鼂建節 別是一派曰
江西山人辭去湘南書生何諷嘗買得黄紙古書一卷讀
之卷中得髮捲規四寸如環無端因絶之斷處兩頭滴水
升餘燒之作髮氣知連山觀主侯道士有道因往告問道
士曰吁君固俗骨遇此不能羽化命也據仙經云蠹魚三
食神仙字則化爲脉望夜以規映當天中星星使立降可
求還丹取此水和而食之即將換骨上昇諷歸取古書檢
閱數處蠹編尋義讀之果皆神仙字始大歎恨後有客過

但傳壁魚入經函中、食神仙字、則身有五色、人吞之可致仙、

郴州、寄宿連山、縛鳥於觀門、糞汚頗甚、觀主責之、客詬罵而去、未十日、客過張山人、張謂曰、子方有大厄、蓋有所觸、客說道士之由、張曰、異人也、速往辭謝。不然。禍不可脫。今晚雷厄當至、可截一栢木長與身齊、置卧所、蓋以衣衾、身別潛處一室、以棗木作釘子七枚、依北斗狀、仍建辰位、身伏第二星下、免矣、客大驚、却廻求栢棗木、來宿山館、如言設法、半夜忽大風雨、雷震前屋、電光直入止處、如搜獲數四、此明、前視栢木已為粉、客益懼、奔謝觀主、哀求生命、久而方解、問孰為脫此、答以張山人、道士曰、人不可輕也、毒蛇尚能害人。豈含無狀相忤乎。向非張仙師、不得生矣、今

與元　賈耽　成公綏

已捨子客同謝山人有云其歸蜀時往辭曹王言玉忠孝全美若勤修轉劫真道可證手上書行在青陸贄真有道學帝以為考功郎中贄勸引過以感人心甲子春改元興元下詔罪己諸叛見赦令去王號表謝詔皆復其爵唯希烈恃強稱楚帝朱泚更號漢李晟琿瑊率諸軍相應以逼長安是月以賈耽為工部尚書耽初為山東南道節度使建節滑州時境內大旱召二大將謂曰歲荒煩君救民可乎皆曰苟利軍州死不足辭耽笑曰可辱為健步明日當有兩騎衩襟緋出城可隨之識其所滅處則事諧矣二將乃裹糧衩皂衣而待果有緋衣二騎經市至野行二百餘

井大夫

醫亦奇人

里，𦵔大塚而藏，逮以石表之，信宿而返，白於耽，發數百人
其畚鍤偕往，發塚獲陳粟數十萬斛（奇糧），耽又命在滑城北鑿
八角井，以𥳑書所藏，使人於鑿處偵之，有一老父來觀，問
曰，誰鑿此井，吏曰，相公也，父曰，大好手，吏問之，父曰，吾井
大夫也，遂投入井中不見，滑州有富民父，偶得疾，體漸瘦，
但日飲鮮血半升，其家憂懼，多出金帛募善醫，皆無效而
去，有人自劍南來，診候旬日，不識其疾，謂其子曰，聞郴府
博識多能，醫卜罔不精妙，咸謂靈夢王先生所傳，子能損
五十千遺御史，候公之出，車載叟於馬前，使見之，儻有言
則其得施其力矣，子如其言，耽出行，因見之，注視，將有言

爲監軍使白事不覺馬首已過醫遂辭去其父語子曰吾疾必死今頻煩躁厭人語可載我於城外有山水處置之三日一來省我如死則葬於彼其子不獲已載去山下得一盤石近池安於上悲泣歸去忽一黃犬來池中出沒數四狀如沐浴既去父聞水香渴欲飲氣喘力微肘行而前既飲覺四體稍輕飲之不已即起坐子來見之驚喜復載歸則能飲食不旬日而愈他日賈帥復出至所置車處問翁疾病今在否吏報今已平復耽曰人病固有不可測者此是蠱瘕須得千年木梳燒灰服之不然飲黃龍浴水世間藥無可療也遣吏問之具以對耽曰天與其疾而

自致其樂命矣夫嘗下牒鄭州令於僕射坡東浮屠內取
一白鵝如言掩之果得又令造鹿皮衣一副選一趫捷官
健付以函曰但往東山中荆棘深處覓張尊師送此書受
命挈糧而去甚惶惑入山約行百餘里深險偪歷至一峰
半腰石壁聳拔見二道流奕碁次使者致書下拜二道□開
視大笑遂作報書一曰傳語相公須早歸何故貪着富貴
使賫回書而返耽又令一健卒入枯井取文書果得數軸
皆道書也分遣十餘人寫之纔畢有道士突入呼耽姓名
叫罵曰爭敢偷書耽遜謝道士因復持去耽即命送原處
自此皆謂耽為謫仙時酸棗縣有里婦事姑不孝姑者無

樊澤

昔負米以供親，今負米以餉國，孔門忠孝之徒。

竇庭芝

目婦以食畏犬糞授姑，姑食甚臭，問子何物，子見之仰天大哭。有頃，雷電頓發，婦頭忽變爲犬，吠食自若，所嗜惟糞。申報節度，耽命李行境內以警不孝，時謂狗頭新婦。遣司馬樊澤奏事，帝即以澤代耽，召耽爲工部。五月，韓滉貢綾羅四十擔，又運米百艘以餉李晟，滉自負囊米置舟，將佐爭舉。晟既得餉，泚兵至，晟大敗之，令言西走，泚奔吐蕃，其將斬泚以降，車駕還長安。晟進爵西平王。時李泌改授杭州刺史，郡素苦鹵水，泌相視地脉，鑿六井於城中，民始賴之。帝有感晟言，召泌爲左散騎常侍。員外郎竇庭芝於天寶末分司洛水，常敬事卜者胡蘆生，每言吉凶無不中。一日至寶門大發嗟歎庭芝請問良久乃言大禍將成舉家啼泣請求生路生曰若非遇中黄君見鬼谷子亦可無患乃俱述形貌服飾仍諭以迹旬求之於是昆弟羣從奴僕曉夕問訪殆遍洛下時泌居清河因省覲暫入洛至中橋遇京尹避道所乘騾忽驚軼入分司寶宅與僕者至其門閽人見泌皆驚愕而退俄出云所失騾收在廐請客入座主人願修謁泌就其廳芝庭降階延拜殷勤妻子咸備家人禮數日告去贈遺殊厚但云遭遇之辰願以一家奉託及朱泚搆逆庭芝方廉察陝西帝幸奉天遂往賊庭歸款至是帝肯令誅之泌為請免帝曰卿以為寧王姻懿耶

泌復遇瀨側於洛東因言於帝使人召之師寒涕垂膺使者見而笑令拭涕師曰我豈有工夫爲俗人拭涕耶竟不能致

庭芝朱爲泌具開由是特原其罪帝曰中黃君蓋指泚耶寧王妃不知呼泌爲鬼谷子何也甘羅鄴平供鬼谷弟子泌即羅再世桑道茂亦陷賊庭將就戮李晟亦述前事言初於左貢勤職開道茂善相賁絹一匹凌晨而往道茂親迎接設殺禮情意甚專謂曰他日建立功勳當以性命爲託辭絹而求臣汗衫更書名於衿以爲記臣故請之帝念其術數前知且非朝臣等赦之更加優遇八月眞卿在蔡州自作遺表墓誌祭文以示必死希烈縊殺之年七十七帝輟朝五日謚文忠眞卿將縊解金帶以遺使者曰吾嘗修道以形全爲先吾死善爲殯成無使其體傷殘可無恨矣使如言爲之收瘞城南四方

五

僧智勝　李齊物　桑苧翁　李秀卿

賓客聞者大慟。陸漸鴻隱入巴西山。楚狂接輿。昔挈妻索
遊瀟湘。見平沙間棲鴻雌雄。逐對因顧視微笑。索心動有
娠。及產一男。謂方諸曾近。棄於沔陽。復州有老僧智勝自
水濱拾得。育於禪房。唯餵以餻糜。自幼多病。長而清癯。因
名疾。字季疵。爲無姓氏。自對天而筮。得蹇之漸。曰鴻漸于
陸。其羽可用爲儀。遂定姓爲陸。名羽。字鴻漸。恰合。猶尚高潔。學
士李齊物識羽於僧舍中。勸之力學。遂能詩賦。齊物薦爲
巴西縣尉。政簡不擾。暇則琴書自娛。拜太常不就。自號桑
苧翁。嗜茶。著品泉。周遊山川。辨水味高下。列爲次第。著水
經五卷。茶經三篇。至維揚。李秀卿逢之。命一卒入江取南

東岡子

姚驥

竟陵子

貞元

泠水及至羽以杓揚水曰江則江矣非南泠臨岸者乎既傾水及半羽曰此似矣卒蹶然曰某自南泠持至岸偶覆其半取水增之秀卿歎眞神鑒羽復寓信州山中號東岡子環植茶棵數畝因曰茶山刺史姚驥造訪遨遊饒之冠山鑿石爲竈取越溪水煎茶爲當時勝事上元初隱苕溪又號竟陵子闔門著書或獨行野中誦詩擊木徘徊不得意或慟哭而歸時謂其狂也及聞眞卿遇害不食者數日日啜清茗太息曰正者久久不死邪者在在自危遂遷避閩中深山後五年晝寢覺召諸子曰父母來招當去乙丑改元貞元加韓滉同平章事江淮轉運使恩遇始深朱滔

病死、東北既平、馬燧以李懷光不下、乃徑造城下。呼諭其守將歸正。懷光自縊死、詔燧兼侍中、帝以淮西未平、欲求勇力為倫、汪節者、績溪縣西北太微村人、其母避瘧於村西福田寺金剛下、假寐感而生節、有神力、遊長安東渭橋邊石獅子、約重數千觔、節語人曰、吾能提此擲之、遂投遠丈餘、衆大駭、數十人不能移、以賄求節、乃提放於故地、帝召補神策軍將。嘗對御俯身負一石碾、置二丈方木於上、佈一床、上坐龜茲樂人一部、奏曲終而下、無壓重之色、又

△王大娘

有三原王大娘、能以首戴十八人而舞、亦召為宮衛、食以

△張延賞

官祿、問其所能何得、王曰、西僧之教也、初張延賞節度西

川有梵僧難陀得如幻三昧入水火貫金石變化無窮矣
遊中國從受術者甚衆與三尼俱入蜀大醉狂歌戍將惡
之僧曰某寄迹桑門別有藥術因指三尼云妙於歌管戍
將遂留連爲辦酒夜會僧假襦襠巾幗鉛粉飾其三尼含
睇調笑逸態絕世僧謂尼曰可爲押衙踏某曲因徐進對
舞曳緒迴雪迅赴摩跌技又絕倫曲終而舞不已僧唱曰
婦女風耶忽起拔戍將佩刀衆謂酒狂驚走僧所次蹈地
血及數尺戍將懼呼縛僧僧笑曰無草草徐擧尼呈視乃
三枝笻杖血乃酒耳延賞聞而召至每在飲會僧令人斷
巳頭釘耳於柱無血身坐席飲酒瀉入腔瘡中面赤而歌

奇幻

更幻

韋皐

手復抵節滿座大驚會麗僧自起提首安項上視之無痕延賞敬禮不禁其行止僧於民間時言凶衰皆讖語事過方曉成都皆供養之僧不欲住衆閉關留之僧走入壁間衆遽牽惟餘袈裟角頃亦不見來日壁上有畫僧日漸淡八日而墨跡滅已有見其在彭州延賞時召入爲左僕射韋皐代爲節度安撫使皐京兆人初生彌月其家召羣僧會齋一胡僧貌甚陋家僮以敝席坐之庭中乳母出嬰兒請羣僧祝其壽胡僧忽自升階曰別久無恙乎兒若有喜色衆異之韋氏曰子生纔一月何言久別僧曰非爾越所知乃諸葛後身耳蜀人向受其惠今將爲蜀帥還食其報

許仲源　劉滋

往歲在劍門與之友善故遠來一晤逢試與其言因守以
武侯後改仲翔、及長、不飾細行、延賞招為壻、怒而逐出、投獨孤
及、及力為薦舉、得仕荊州高安令。鳳凰集於山、後為隴州
刺史、延賞送女至隴、完聚、適朱泚反、兩遣使至皋所、啗以
重爵、皋俱斬之。○帝壯其節、詔以鎮蜀、蜀中許仲源少與劉
滋交、學各有抱負、仲源遊成都市、酒闌有道人飲酣歌曰、
昆閬不禁滄海竭○九轉丹砂多謾說○惟有蒼龍頂上珠○
能補玉堂關下血○
闕而有感、上閣拜求其道○道人知其靈慧、問所聞如何、仲
源即應聲對曰、

齊映 崔造

班龍珠補玉堂穴此謂老君返老術陰功成就即當仙
歲歷最久崑崙客○
△道人點頭曰是可傳矣予乃伯子張也遂授養眞益元之
道仲源修服百歲有少容道人將引去謂曰子與韋節度
皆再來入當遠塵俗以修眞道仲源聞命即詣京師別劉
滋遂飄然長往丙寅春滋與齊映崔造同平章事映九華
初應進士舉至京歇禮部南院遇雨徬徨徐步墻下一老
人白衣策杖二小奴從揖映曰日已高公應未飡其居處
不遠能暫往否映愧謝相隨至門外老人曰某先去留一
奴引郎君躍上白驢如飛齊行至西市北入一靜坊新宅

門曲嚴潔良久老人出侍女十餘輩皆有所執至中堂敘
坐華煥異常少頃鋪設於樓酒饌豐畢入報有送錢百千
者老曰此是酒肆所入其以丸藥作一甕酒賣之及晚映
請去老曰郎君有奇表可作宰相明年必及第若更捨富
貴即為神仙矣贈帛數十疋云慎不得言於人有暇即來
此映拜謝而出自後數往皆有郵賚至春果及第同年見
其車服修整乘醉詰之不覺盡言二十餘人期俱詣老
人甚怒以癡疾詬謝不見各恭一縑召映入責曰爾何輕
泄於人比者昇仙事可望今不能矣映哀謝去旬日復來
宅已貨訖不知所往報視其縑非民間物有老翁測之曰

九

汴陳仙奇

此必神仙張果玄宗時曾有此宮錦皆御賜者也映大悔恨、至是爲相遇事敢言帝問淮蔡事映曰希烈驕肆極矣、當不久殞滅是歲淮西將陳仙奇殺希烈以降丁卯春以延賞同平章事韓滉卒帝深歎息以李泌爲相即請禮葬顏魯公、帝命其子還喪上京子姪啟殯視之、氷雪肺腸、鋼鐵筋骨、

離陀所傳一派、法術亦奇、但剛猛之氣未除、後世遂流爲左道金剛潭閣者當自分別

蠹食字而化仙體、吾儕鑽研故紙有年、乃不能如脈望憶可慨矣夫、

耽爲清溪高徒、術數之精、自應如是、

道與術、絕不相侔、得道者神通遊戲、蓋亦有之、至於術士、則無性不以術見、務爲炫世、坐失眞道、終何益哉、

謂阜武談再世、若非胡僧一言、誰其信之、

魯公冥冥忠貞、令成正果、況受眞仙指點、宜其錬形數滿遂得飛昇也、

○○○尋跡再訪狐姥莊　○○○穿井逕達梯仙國[illegible]
棺朽敗而屍形儼然，徧身金色。手足柔軟，髮鬚青黑，長數
尺，握拳不開，爪透手背。易櫬扶歸，勅以公禮葬偃師北山
公之使賊也，親族餞於長樂坡。公跳擲前楹曰，吾早遇道
者蘭八八授刀圭碧霞丹服之，可不死，且云，七十後有大
厄，即吉。當待我伊洛之間，此行是其期也，後有買人於羅
浮見二道士奕棋樹下，一曰，何人至此，答曰，小客洛陽人
道士笑曰，願寄一書達吾家，呼劉取紙筆作書，託寄至偃
師顏家，及造訪，則北山塋也，守冢蒼頭識公手書，馳報家
主子孫得書，驚曰，此果先太師親筆，問客言道士容貌，乃
公也，卜日開壙，棺已空矣，蓋公練形數滿，飛昇仙境，其後
十餘年，顏氏家僕自雍往鄭州，徵莊稅，回及洛，偶入同德
寺，見公衣長白衫，張蓋在佛殿上坐，僕遽前欲覲，公遂轉
身仰觀佛壁，僕左右隨之，終不令其見面，遂下殿出寺，僕
隨往城東北隅，菜園中有兩間破屋，門懸箔子，公揭箔而
入，僕於外唱喏，公問何人，僕對以名，命入，僕拜哭，公遽止
之，畧問一二兒姪，乃探懷出金一餅，付僕以資家費，遣速

㊃蕭穎士

㊀左書佐

李明

㊁蕭洞玄

去勿與人道。僕還，雖逃之，舉家驚喜，發其金，乃真赤。是秋穎子與僕馳馬疾省，前處但榛蕪滿目，悵恨而返。延賓卒李泌、願乞骸骨，帝慰諭不許，秘書正字蕭穎士以老病乞歸，帝從之。穎士字茂挺，齊蕭鏘後，於開元末舉進士，嘗遊陳留逆旅，方食際，有老人鬚髮皓然，目蕭久之，微有歎息。蕭疑而揖問，老人曰：郎君狀貌一似齊鄱陽王，不覺愴然耳。蕭驚問曰：王即某八代祖，第因何識？老人曰：某姓左，昔為鄱陽書佐，偏蒙寵遇，遭李明之亂，遂逃亡修道，問其年三百二十七矣。良久乃別，時出人間，常居嵩山。穎士文名遐播，時號蕭夫子，後卒於汝南，門人謚曰文元先生，有集十卷，又遊梁清集三卷。其族姪洞玄向為王屋靈都觀道士，志心學鍊神丹，積數年無成，一旦有神

人號呂師授以大還祕訣曰法盡此耳然更須得一同心
者相爲表裡盡求諸乎洞玄受教遂周歷嶽瀆名境都城
聚輳經十餘年自浙東抵揚州至度亭埭維舟於逆旅於
時舳艫萬艘隘於河次堰開爭路上下衆船相軋者移時
舟人盡力濟之見一人頓蹙右臂且折觀者爲之寒慄共
人顏不變行不亂又無呻吟之聲徐歸船飲食自若洞玄
私喜曰非天祐我乎至舟問其姓名則曰終無爲曾遇異
人教於吳下覓師可以成道洞玄遂與締交談道欣然俱
至王屋出還丹訣示之相與揣摩更二三年修行備至洞
玄告曰將行道之夕我當作護持君當謹守丹竈但至五

更無言則攜手上升矣無為曰雖無他長至於忍斷不言君所知也遂卜日設壇場焚金爐鍊丹竈洞玄遶壇行道步虛無為端拱坐藥竈一更後見仙人道士美女天神夜叉羅剎毒蛇猛獸天王魔鬼種種怪異無為誓心沈默又將其身加於湯火肢解臠割終不發言視之若無少頃諸境空寂耳邊若聞鐘磬聲有人拍手大笑曰死心道士夫已曉矣猶作睡夢乎無為開眼即昔所遇之呂祖洞玄亦來相邀拜謝師曰金丹已就無為之功也命向洞玄行弟子禮啟爐取丹令更俟二七日然後服之可朝上帝至赤水會我也二人至期服丹攜昇碧落是年九月回紇來貢

王霸

薛盃

陽城

鄭曙

寶物甚豊云遇蕭綜二仙言九唐君相皆聖願求和親李泌請約以五事悉如約許娶以公主明年來迎改號回鶻唐通西域天竺雲南諸處皆泌之策惟東南福地不被兵革數百年冬十月建州刺史奏道士王霸白日昇仙自梁時渡江入閩居西郊外鑿井煉藥能化黃金歲飢則售金易米徧濟貧民大功行傳道於薛盃居綏城山修煉丹成跨白鹿仙去因名白鹿山弟子俱歸住冲虛觀帝常問神仙事於李泌泌曰民安物阜即為眞君時和世康即為眞眞人必枯索虛無夏縣陽城以學行著隱於郴谷泌薦為諫議大夫泌自遇衡嶽二仙即絕粒咽氣號天柱中嶽先生滎陽鄭曙好奇任俠於泌座言鄭暨成眞事云武威段

叔之從　　叔則之族　非洪袁兄　也　段歟　段砮　胡商　孟思期

孫為定襄令歟子砮（音累）少齋素慕道於天寶五年歷名山遍訪過魏郡舍逆旅遇一客攜[illegible]市[illegible]數十斤有難求來備者日於市邸謁胡商覓之年七十餘雪眉霜鬚貌如桃花且不食穀砮知是道者伺其休暇市珍果美膳藥香醇醪薦之客驚謂曰山叟不願世知（心人）子何為致此耶砮曰某雖幼齡（六）年十見翁虛靜故願親炙客悅為飲至夕因同宿數日事畢將去告曰吾姓孟名思期居恒山砮為祖餞叩頭誠祈願至山諮受道要孟叟曰若然子志已堅可與俱矣然山中甚苦須忍飢寒故學道之人多生退志況有書宿當啟白子熟討之砮固請孟謂曰八月二十日當起行

唐縣可於西北行三十里有一莊莊內孤姥是奇人汝當謁之因言行意坐以須我智再拜受約至期而往果得孤莊老姥出問之智具以告姥撫背曰小子能好道若此美哉因約其囊裝於櫃坐智於堂前閤內姥家甚富給智所需豐厚居廿日而孟叟至曰本謂半語耳寧期果來然吾有事恒州數日汝且居此如言而返曰叟故白者宿當與俱往數日復來令姥收掌資裝使智持隨身衣衾而往初行三十里大艱險猶能踐履又三十里乃手捫藤葛足履巉巖魂悚汗出僅能至其所居其地東向向何盡衆山巨石林木森翠北面差平即諸陵嶺西面懸下層谿千仞而

有良田山人頗種植其中有瓦屋六間前後數架諸先生
居之東廂有廚竈飛泉落簷間以代井汲其北户內西二
間為一室閉其門其東兩間為二室有先生六人其室前
廡下書數架三二千卷穀千石藥物至多醇酒常數石韶（是何大無）
謁諸先生先生謂曰夫居山異於人間更大辛苦須忍飢
寒食藥餌能甘此乃可居韶曰能於是留止凡五日孟曰
今日盡謁老先生遂開西室中有石堂堂北開直下臨眺
川谷而先生擁繩床北面而齋心焉韶敬拜謁老先生良
久開目謂思期曰是爾所言者耶此兒佳矣便與汝充弟
子於是辭出復閉户庭前臨西澗松樹十株長皆數仞其

無所用心
嘗觀其徐
發之心何
如耳

下磐石可坐百人於方石上鑴爲諸先生習靜之暇常對
碁飲酒詔爲侍者觀碁皆不士因指其形勢諸先生曰汝
亦曉此乎對坐與對皆不敢忽老先生命開户出祖杖臨
崖而立西望移時顧諸人曰可對弈思期曰皆不敢此亦
予老先生笑因坐召詔與對既而亦少劣於詔笑謂曰汝
發何藝乎詔不識何求但言願受周易老先生召思期授
之仍歸室閉門詔習易踰年自曉[illegible]布卦言事若神在
山四年前後見老先生出户環[illegible]但於室內端坐
正心禪觀體至充肥每出禪時[illegible]步[illegible]許後老先生曰
吾與南嶽諸葛仙為期今[illegible]去[illegible]山又[illegible]思家因請
壓障

馮俊

還家省覲去即却返[illegible]何却還之有因問老先生先生讓曰如此人不[illegible]何[illegible]要也於是使歸後一歲往尋其物如故户[illegible]人下山問老姥姥曰諸先生不來向一年矣留悔恨殆死在山時常問老先生何名姓盖淑鄉鑒傳令讀曰欲識之即鄭太尉也曙述其事座客或不足信泌曰當讀晉書知鑒大有[illegible]何不可以得道時揚州刺史杜亞秩滿亦在座曰某亦廣陵鄉人以失盜繫一人至府詢之曰某非盜也是本地人馮俊平生愚直傭工以食嘗遇道士於市買藥百餘斤募能獨負者至六合當倍酬其值俊乃請行道士曰今欲從水路往彼得舟

且隨我舟行亦不減汝值遂入一舟共載出江口數里道士曰無風上水不可不吾施小術令皆伏舟中道士獨引帆持檝度其舟如行空中數食頃始止喚起一望平湖渺然對嶺遥望舟人悟是南湖廬山下星子灣敬懼不敢受其錢道士曰汝是鄱陽人故以便相假豈爲辭耶舟人果江州拜受而去命俊負藥從亂石間行五六里將至有巨石方數丈道士以小石扣數十下大石分爲二一童子出喜曰尊師歸也引入石穴初甚峻下十餘丈旁行漸寬平入數十步洞明有大石室道士數十琴棊戲笑皆曰何晚[illegible]粉搭蘇遠還歸前道士曰擕人甚飢與之飲食左右以

瓷甌盛胡麻飯與食又與一碗漿甘滑如乳道士送出曰勞汝遠來受錢一千文令繫腰下至家方可解視又問家有幾口對以五口因授丹藥百餘粒曰人食一粒可百日不食余告以歸路遠乃引行崎嶇一石卧如虎令騎上以物蒙石令執其末如執轡然誡令閉目候足着地即開道士以物鞭石覺此石舉空而飛時已向晚如炊火躡地開視已在廣陵郭門人家始舉燈火比至舍妻子疑往返之速始解錢視皆金錢自此不復傭工少置田宅里人疑為盜繫來俊言不足信命取其丹至忽墜地迸火失去後聞俊已辟穀但不知其所遇何仙泌曰匡廬昔匡子兄弟廬

竇參
董晉
林遠

此或此流也。楚州民於雨後掘地，得古錢甚多，狀如鐘而無字，陳於刺史，遣使持奏。帝以泌博識，召與視之，恍惚有會，曰：此甘羅錢也。羅遊說有功，受封上卿，秦始賜其築城鑄錢於淮陰。羅鑄無文錢，仉曰：能識吾錢即為吾後銅錢，蓋同前也。命史官檢視秦史，果然。泌以老病薦陸贄可用。已，泰帝以竇參、董晉同平章事。泌見獨遺贄，作遺表，無疾而薨。帝臨喪哀泣，贈太子太傅。是月，中使林遠於藍關逆旅遇泌單騎常服，言：幸已解職，暫往衡山。謁四朝之重遇，悵然久之而別。遠至京奏聞，帝尤加惊異，曰：先生自言當匡從四聖而後登眞，脫屣斯言驗矣。因泌曾授道於南嶽張先生，追謚張為玄和先生。竇參惡陸贄方直，作謗書

七

趙憬　奚陟　陰隱客　工人　譬若掘井

傾之。壬申，夏帝察其奸，貶之。召贄與趙憬同平章事。是秋大水，四十餘州溺死三萬餘人。贄請賑撫，帝遣中書舍人奚陟等安撫諸道。陟得房州竹山縣異聞，報奏於朝，言百姓陰隱客於神龍元年穿井，無水。陰富於財，穿至二年，已濬一千餘尺，陰必求至水而止。一日，工人忽聞地中雞犬鳥雀聲。更鑿數尺，傍通一石穴，乃入穴探之（膽亦大。）。初無所見，但捫壁傍行，俄轉一穴，有光如日月，下連一峯。工人至山正立而視，則別一世界，傍向萬仞，峯巖莫非靈境，石盡碧琉璃色，巖壑中皆有金銀宮闕，大樹身如竹節，葉如芭蕉，紫花如盤，五色蛺蝶，翅如扇，翔舞花間，五色鳥大如鶴，翱翔

樹杪巖中有清泉一道色如鏡白泉二眼濃如乳工人漸
下至宮闕所欲入詢問見牌上署曰天桂山宮以銀字書
之門兩閣內有二人驚出各長五尺餘童顏如玉衣服輕
細如白霧綠烟絳唇皓齒鬚髮如青絲首冠金冠而跣足
顧謂曰汝胡為至此工人具陳本末門中有數十人出云
怪有昏濁氣令責守門者二人惶懼曰有外界工人不意
而至詢問遂次所以欲來奏知須臾有絳衣人傳敕曰敕
門吏禮遣之工人拜謝吏曰汝已至此盍求遊覽而返工
人曰向者未敢尚賜從容乞乘便言之吏遂通一玉簡入
既而却出吏執簡引工人至清泉令浴及澣衣服又至白

泉眼令盥漱甘美連飲數掬似醉而飽引下山每至宮闕只於門外觀瞻經行半日山趾有一國城皆金銀琨玉爲宮室城樓以玉字題云梯仙國工人詢門人此國何如曰諸仙初得道關送至此修行七十日然後得至諸天或玉京蓬萊崑閬姑射方得仙官職位主籙主印飛行自在工人曰仙國何在吾國之下門人曰是下界之上仙國然亦同此日月但地勢低於汝國實非在地下汝國之上還有如吾國者亦曰梯仙非在天外也復却上山又令飲白泉數掬臨至山頂求穴門人曰汝來雖頃刻人間已數十年欲出舊穴應不可得待吾奏請通天關鑰匙送卿歸去工

赤城貞伯

耽箸百花譜以洽嘗爲花中神仙

田異牟尋

崔向

人拜謝俄而携金印及玉簡引別路至一大門勢侔樓閣有數人伏候門人示印讀簡劃然開門工人纔又爲風雲擁上唯聞門人云好去爲吾致意赤城貞伯須臾雲開已在房州北三十里孤星山頂洞中出遍詢氏俗及陰冢云已二四世尋鑿處唯見巨坑乃崩井處也時貞元七年里人疑其妖異州官禁數月通不思食既久無恙因命釋之聞於安撫使具奏帝訪於羣臣誰爲赤城貞伯賈耽奏曰天台赤城有仙眞主之（耽蓋赤城成公綏玩世貞伯其位號）癸酉帝以耽同平章事雲南王異牟尋表請歸唐韋皐遣其使詣京詔皐撫慰故監察崔向之子煒以尚豪俠不事家産數年間財

業殫盡多棲止佛寺值中元日番禺人集百戲於開元寺多陳設珍異煒見乞食老嫗因蹶而覆人酒甕當鑪者毆之計其值僅一緡煒脫衣代償嫗不謝而去不因德吾將報誠爾

呂祖於蕭終二子委曲導之成就師恩之重等於天地父母報莫能窮也志之志之

叚子之遇鄒公則知古來忠孝節義之流入仙者甚多第世人不知耳梯仙所云初得道者聞逆至此修行應是此輩

陰隱寄者潛修之實也工人即入室下工者也嚴有清泉白泉工人始終所賴天桂仙宮戊己二土也國名梯仙修道人捨是奚陟哉門人云汝國上下皆有同日月之光可道知至道非遂欲於山頂求火還請通天關鑰是歸而寄語赤城貞伯仍在房州北山洞中識皆實際工夫妙訣頭頭是道

崔煒一念惻隱鮑姑贈之以艾詎知婚姻富厚俱由於此可見仁心及物食報無窮

爾雅曰蛇最大者曰蟒王

〇〇〇遊番禺鮑姑贈艾　〇〇隋弱水謝女焚香

異日忽來告煒曰謝子脫難吾善灸贅疣今有越井岡艾少許奉子每遇疣只一炷爾不獨得財且獲美艷煒笑而受後數日遊海光寺遇老僧贅於耳煒出艾試灸果愈僧感之甚謂煒曰貧道無以酬但誦經為郎君資福煒不以為意偶醉後出遊郊野火所灼狂奔迷道失足墜大枯井幸為槁葉所藉不傷墝視乃一巨穴深百餘丈四旁嵌空宛轉可容千人中有白蛇盤屈長數丈前有石臼巖上有物滴下如飴蜜注臼中蛇就飲之煒察有異乃叩祝曰龍王願不相害因飲其餘亦不飢渴細視蛇之唇吻有贅感

其見燗欲為炎而無火既有餘火飄入乃燃艾啟灸贅瘜
手墜地蛇之飲食久妨及去頗便吐徑寸珠酬煒不受啟
曰龍王神變由心行藏在已倘賜挈維得還人世則死生
感德不求懷寶蛇咽珠蜿蜒將有所適煒再拜跨蛇不由
穴口於洞行可數十里幽暗若漆蛇身光燭兩壁見繪畫
古丈夫咸有冠帶最後觸一石門洞朗有金獸嚙環蛇低
首不進卸煒於地將謂已達人世入戶百餘步四壁空闊
皆鐫為房室有錦繡幃帳數間垂金泥紫飾以珠翠炫晃
如明星連綴帳前有金爐上皆蛟龍鸞鳳之蓋張口噴烟
芬芳馥鬱傍有小池砌以金壁貯以水銀鳧鷖之類皆琢

玉京子　蔡文姬　羊城使　田夫人

瓊瑤而泛之壁床咸飾犀象上有琴瑟笙簧鼗鼓柷敔細
視手澤尚新恍然莫測是何洞府取琴試彈戶牖咸啟小
青衣出而笑曰玉京子送崔家郎君至矣遂却入須臾四
女出皆古鬟髻曳霓裳曰是何崔子擅入皇帝玄宮耶煒
舍琴再拜女亦答拜煒問皇帝何在曰暫赴祝融宴爾命
煒就榻鼓琴女問何曲曰胡笳也△蔡文姬邕女沒於胡思歸
而成此弄像哭笳哀咽之韻女皆怡然曰大是新曲命酌
醴傳觴煒叩首求歸女曰夙分至此何須遽去淹留羊城
使者少頃當來可以隨往皇帝已許田夫人奉箕箒命侍
女請來夫人傳言未奉詔不敢相見女曰夫人即齊王女

徐紳
趙昌

淑德美麗世無儔匹王所寵秘名標者逡巡日影照座煒舉首見一穴隱隱睹天漢四女曰使者至矣一白羊自空冉冉至座背有丈夫衣冠儼然執大筆兼封一青竹簡上有篆字進香几上四女命侍女讀曰廣州刺史徐紳死安南都護趙昌充替女酌醴飲使曰崔子欲歸番禺願為挈往顧煒曰他日須與使者易服葺宇以相酬勞煒唯唯四女復曰皇帝有敕令與郎君國寶陽燧珠將往彼處當有胡人具十萬緡易之即命開玉函授珠煒拜捧曰未得朝謁何遽贶遺如是女曰令先君有詩於越臺感悟徐紳遂見修葺帝愧而繼和賚珠之意已露詩中煒曰不識何詩

女命侍女書於使者筆管云

千歲荒臺隳路隅、一煩太守重椒塗、感君拂拭意何極

報爾美婦與明珠、

煒問皇帝姓字、女曰、後當自知、復謂曰、中元日須俻美酒豐饌於廣州蒲澗寺靜室、吾輩當送田夫人來、煒再拜告去、女曰、知有鮑姑艾、可留少許、煒但留艾、不及詳問、與使者共躡羊背、瞬息出穴、履平地、已失使者與羊、望星漢、已五更、聞蒲澗寺鐘聲、抵寺、僧人以早糜見餉、既歸廣州、先有舍稅居、至是徙舍、主人曰、子何所適、而三年不返、煒不以實告、開戶、塵榻儼然、問刺史、果紳死而易代矣、乃抵波

老胡人知郎潛衛是珠有老胡人匍匐禮拜曰郎君不入南越王墓中來不合得斯珠蓋佗以珠為殉煒乃具告胡具十萬緡易之

大食國

煒詰何以辨之曰吾大食國陽燧寶珠也趙佗使異人航海盜至今逝千年我國有望氣者言來歲國寶當歸故吾王召我具大舶重貲抵番禺而搜索今果得焉出玉液洗之光鑒一室胡即泛舶去煒得金具家產訪羊城使者絕無影響後有事於城隍廟見神像有類使者覩神筆有數字乃侍女所題羊城即廣州廟有五羊脩酒脯奠之廣其宇而粉飾之及登越王臺覩先人詩云

越井岡頭松柏長越王臺上生秋草古墓多年無子省

野人踐踏成官道
詢主者云徐太守登此臺感崔侍郎詩重為粉飾煥赫及中元日豐潔酒饌留蒲澗僧室夜將半四女伴夫人至容儀艷逸言旨雅淡四女與崔生進觴諧謔將曉告去煒再拜致書達越王與夫人歸室詰曰齊王女何乃配南越夫人曰國亡遭虜為越嬪御王崩以為殉煒問四女何人曰其二甌越所獻其二閩越所進俱為殉者因問所云鮑姑何人曰鮑靚之女葛洪妻也多行灸於南海常會東南諸仙越王亦以地仙受職故知之又問呼蛇為王京子何也曰昔安期生嘗跨斯龍而朝王京故號之煒因飲龍餘沫少

李堅　謝自然　謝寰　李端　胥氏　越慧　慧朗

嫩輕傑居南海十餘載散金致産棲心道門乃挈室徃蜀
韋皐欲聘為從事使者三返不就後遇安期於胥城得度去甲戌皐年
尋襲破吐蕃皐獻捷於朝封尋為南詔王果州刺史李堅
申聞節度云謝女自然白日翀舉其先世本兗州父寰居
蜀舉孝廉鄉里器重建中初刺史李端以試秘書省校書
寰為從事母胥氏邑中舊族生自然性穎異不食葷血七
歳母令隨尼越惠以疾歸又隨尼慧朗十月求還所言多
道家事辭氣高逸家在大方山下頂有老君古像自然從
母遊玩見而禮拜不願却下乃居山頂常誦黄庭內篇道
德等經年十四因食新稻米飯云盡是蛆虫自此不食數

程太虛
杜使
中華

飲皂莢湯吐痢困劇腹中諸虫悉出體輕目明但食栢葉一年後栢亦不食九年外并不飲水以大道難遇欲求眞師於蓬萊脩舟楫入海涉洪濤直往不少憚感神語之曰蓬丘隔弱水三千里一芥不浮子將安往天台有司馬子微名在丹臺身居赤城此眞良師也自然乃回訪見承禎於玉霄峰得指眞訣辭歸默修貞元三年三月於開元觀諸絶粒道人程太虛受五千文紫虛靈寶籙七月十一日上仙杜使降石壇以符三道丸如藥不令着水命服覺身心殊勝云十五日可焚香五爐於壇五爐於室眞人當來至時五更有青衣七人内一人稱中華云食時上眞來衣

〇盧使
〇崔使
〇張使

又盧使至云金母來既降庭自然拜禮母曰別汝兩劫矣自將几案陳設珍奇溢目命自然坐盧使侍之亦令坐盧云暫詣紫極宮看中元道場遊巡來云金勝於前齋自然問之云此度不燒乳頭香（此香天眞惡之唯可燒和香耳）母去盧亦隨去十七日崔張二使至問自然能就長林居否答云不能二使色似不悅而去二十二日午前母復降云更一來不復來矣爲不肯居長林貶一階長林仙宮也指房側一仙云此汝同類也戌時母去崔使云上界最尊金母賜藥一器色黃白味甘自然餌不盡令食桃六臠食三臠却將去將衣一副縹紗執不着手朱碧色闇外素內文人將桃一拔

変浜恒有此方能助道

韓偫

纏於臂上有三十枚大如梡云此猶小者是日金母乘鸞侍者乘龍及麟五色雲霧浮泛其下母云便向州中過其日馬坊廄戟皆報長虹八州二十五日滿身毛髮孔中泚血沾濆衣裳皆作通陂山水横紋就溪洗濯轉明向日似金色觸之如金聲二十六二十七日東嶽夫人張天師妻來勸沐浴用湯不得令有乳頭香云天上自有神非鬼神之神上界無削髮者若得道後悉戴冠功德則一凡齋食味偏皆美切忌嘗之尤宜潔淨器皿諸神若每齋觀深惡不潔不唯無福而獲罪六年四月刺史韓偫疑其妄開之北堂東閤某月方開聲音暢朗偫即令女自明師事焉

○頭陀

袞旋遊多年歸見自然修道以為妄曰家世儒風五常之外非先王之法不學不行何得有此妖惑因鎖閉四十餘日益爽秀袞方驚異七年九月韓俏與於大方山置壇請程太虛具三洞籙十一月從自然於郭貞元九年李堅來守是州自然告云居城郭非便願依泉石堅更築室於金泉山移居之有石嵌竇水灌其中可澡飾形神揮斥氛澤初至山一人年可四十許自稱頭陀形服不類緇流云遠訪真人曰此無奈何頭陀但笑舉家拜之獨不受自然拜施錢二百不受施手巾一條受之云後會日當以相示出門不知所向自然牀室父母不敢同坐或輒請必有變異

八月九日、十日、十一日、羣仙日來傳金母勑、速令被髮四十日金母當自來、所降使言姓崔名熒、十年三月移入金泉道場、城西門外、竪嘗與夫人誦經、先讀外篇、次讀內篇、乃魏夫人傳本、大都精思講讀者得福、饒行者招罪、自然絕粒凡十二年、晝夜不寐、兩膝有印形、小於人間官印、四環若有古篆六合吉凶、恐知然嚴重、不出於口、知竪崇尚至道、稍稍言及、云天上亦欲人知、使尊明道教、凡人能青淨一室、焚香誦黃庭道德經、或一遍、或七遍、勝布施修齋誦經、在精思、不在遍數、中道而廢、所損尤多、又言服藥修道事頗不同、服栢可絕粒、若山谷難得、側栢即尋常栢葉、但不

七

伏炁不服氣服氣須伏炁服氣不長生長生須伏炁

閭氏

自宋

近丘墓者便可服之石上者愈好旋掠旋食尚有津潤易清益人大都栢葉茯苓枸杞胡麻俱能長年久視修道者不可居城郭以其葷腥仙靈不降與道背矣煉藥飲水宜用泉水尤惡井水食米體重食麥體輕凡服氣先調氣次閉氣出入不由口鼻令滿身自由則生死不能侵是年九月霖雨甚自然往省程君凌晨到山衣履不濕程詰之云旦離金泉耳十一月九日詣州與堅別云明年正月中旬當去亦不更入靜室至乙亥春正十二日辰時於金泉道場白晝輕舉州人盡見祖母周母胥妹自柔弟子季生問之唯曰勤修至道須臾彤雲遮亘一川天樂異香散邊彌

李生

又所著表冠簪帔一十事貺留小繩床上結繫如故道場中有二虎五麒麟兩青鸞飛走堅以狀上聞賜詔褒諭曰

所部之中靈仙表異玄風益振至道彌張

韓愈

令即於道場祀之詔河南進士韓愈作詩曰

果州南充縣寒儒謝自然童騃無所知但聞有神仙輕生學其術乃在金泉山一朝坐虛空雲霧生其間如聆笙竽韻來自冥冥天須臾自輕舉飄若風中烟里胥上其事郡守驚且歎驅車領官吏甿俗爭相先入門無所見冠履如蛻蟬皆云神仙事昀昀信可傳

陸贄以為不可徒事虛無疏論日進帝頗嫌之貶為忠州

不希眼相
作良瞽

白幽求

別偽贊乃集古方以遺世初處士陽城徵爲諫議皆謂必盡職及是日夜痛飲韓愈作爭臣論以譏城帝欲相裴延齡城極言共奸時有鳳翔秀才白幽求頻年不第聞延權貴徒謁被叱無顏歸鄉值新羅國王子入朝幽求從之過海於大謝公島夜遭風舟爲所飄南馳兩日夜不知幾千萬里風稍定舟得徐行見有山林乃整棹向之山高萬仞南面半腰有城壁臺閣門宇壯麗維舟而昇至城一二里龍虎列坐道傍皆眈眈而視從者相失幽求彷彿次大樹下樹枝為風相磨如人誦詩聲幽求諦察之死曰
玉幢亘碧虛此乃真人居徘徊仍未進邪省猶難除

俄有朱衣人出傳勅曰西嶽真君來遊諸龍虎皆俯伏人言曰來到幽求因欲趨見朱衣不顧而入在右諸龍虎時時擲視幽求盤旋道次門中數十人出皆乘龍下山幽求隨至維舟處龍虎皆履海面須臾不見幽求未知所適舟人具饌忽見從西旗節隊伍僅千人鸞鶴青鳥飛引於前騎龍控虎乘龜驂魚有乘朱鬣馬衣紫雲日月衣上張翠蓋如風而入城門幽求又隨覘之諸龍虎依前列位與樹木花藥鳥雀等應節盤迴如舞幽求亦不覺舞蹈食頃朱衣人持一牒出謂龍曰使水府真君龍來及前朱衣乃顧幽求授牒幽求未知所適朱衣曰使水府以手指之隨揖

身如乘風入海底而不沾濕朦朧如日中行有樹木花卉觸之珊瑚有聲至一城宮室甚偉門人燕頷俯伏俄有數十人皆龍頭鱗身執旗杖引入水府真君於北面受符牒出門已有龍虎騎從瞬息到舊處至門不敢入雖未食亦不覺飢少頃有覓水府使幽求意唯入拜殿前引於西廊接諸使下坐飯食非人間味徐問諸使此何處也對曰諸真君宴遊春臺主人是東嶽真君堯之四嶽天之一陽趙陀得說融結化爲地仙故田夫人亦延生千載自然瑤池調隱根氣不凡金母故自來接引不識頭陀爲何人耳幽求受辱擢臣原係俗士何因得遇諸君充使服勞謫於西華亦有根蒂

○○○白生飄至遊春臺○○○筆于引覽稚川景
春夏秋冬有會主人隨地分輪也殿東廊下列數百玉女
奏樂白鶴孔雀皆舉翅動足更應玄歌請伊乃出步山西
為迎月殿東有望日觀至申時拱聽請與君各為迎月詩
一句日落照水黯驪珠色○豈昏寒光照萬里○霜縞遍千門○
一句王魄東方開○嫦娥逐影來○洗心兼滌目○光景遊春臺○
一句清波涵碧鳥天藏○黯黯連二儀○不辨處忽吐清光圓○
一句烏沉海西岸蟾吐天東頭幽求忘其下句
賦罷一真君乃命友戲須臾童兒玉女三十餘人或坐空
虛或行海面笙簫眾樂更唱迭和有唱步虛聲者數十百

吾幽求記其一焉

鳳凰三十六碧芙蔚太清元君夫人躡雲語泠風颯颯

吹鵝笙

四更緋衣人翩躬白天欲曙請諸君命駕各離之際作朱衣屈膝言曰白幽求已充水府使有勞績諸眞相謂曰便與遊春臺灑掃幽求悽惶再拜乞却歸故鄉一曰鄉鄉何處答云秦中曰歸鄉何所戀幽求未及答曰使隨吾來朱衣指隨西嶽眞君轉各下山並有龍虎鸞鳳朱鬣馬幡節羽旄等待衛千人履海西行幽求攀舟隨之有風迅速如電平明至一島見眞君上飛幽求舟爲岸所限乃離舟上

歸目送旗節隱隱漸沒方悔恨痛哭凝望有人烟就問云
是明州李晟始節度鳳翔幽求與之有舊因詣謁觀其神
枯色奪知不久於世即告退自是休糧常服茯苓遍遊五
嶽後入西華復遇眞君峧籙度世桑道茂於前年七月忽詣晟府言太尉
來歲秋中當歸舊任晟莫知其語至是八月有疾謂其子
曰道茂言驗矣自爲遺表而卒謚忠武王時道茂居昊天觀俱
稱爲天師與賈耽善嘗以術數相較一日有村叟失牛詣
卜之卦成道茂謂曰爾之牛是賈相公偷置巾笥中但候
朝退時突前告之可得叟乃如言祈請耽詰之具以道茂
語告耽於馬上笑爲發巾笥取式盤據鞍運轉以視良久

請曰相公不偷爾牛要知牛去處但可於安國寺山門後大槐樹杪鵲巢探取之吏逕詣寺門見槐樹上果有鵲巢上探却無所獲乃低頭下樹見失牛繫墻外食草其次即盜之家報官往捕追牛杖盜百姓咸相徵曰賈相不可欺也耽嘗退朝令召上東門卒嚴戒曰明日當午有異色人入門爾必痛擊之死且無妨卒領命自巳至午唯二尼自東相叙而至施朱傳粉冶容艷佚如娼其內服殷紅下絲亦紅卒詰尼覓所未有因以撾痛擊傷腦流血叫號稱寃乃走疾如奔馬追擊又傷其足狼籍毀裂百步外落草映樹而無蹤焉卒還述之耽問打得死否具對傷腦折足耽

稚川
貞君

窮中有石徑橫尺翼日東市奏失火延燒百餘家孤之得
五疊一山自第一洞至丙子冬學士鄭綱有胞弟紳與共與沈
復數千尋摔子登山下會天暮大雨止一小菴僧曰棄虛
一行棄自山頂而爲御史棄虛十二歲好佛法即出家於
窮而復虛舉目已破潼關乃遁入太白山採栢葉爲食自
之外摔指語曰此君貌清瘦鬚鬢盡白謂棄虛曰師神骨
一真請摔子曰此都虛曰塵俗人安能詣乎喬曰仙都甚
川故摯至此已而請尋其徑喬曰師可偹食於商山逆旅
作銜呵禁極嚴摔竹笞即餽或問欲何所詣但言願遊稚川
乃訊曰爾絕三彭往舍逆旅偹甘潔以伺居數月摔子再

第五節

寓外洪　乙支潤　彭踞

因命搖引登翠霞謂喬見欺治裝將歸是夕一少年搖子
目髮過數尺凝膩乎虛曰願遊稚川有年矣搖子曰稚川
既拜問爲誰何嚀乎虛曰自幼好仙遇至人勸我遊耳路
得道爲外郎於南偕我去乎虛曰誠能挈遊死不悔於是
養靜非瞬曰乃徹其夕即登玉山涉險踰巇且八十里至
即面請外郎忽瘖虛共挈石壅其源三日水別流二人入
藍勁又見一人臥似有少光前行甚遠乃出洞外風日恬
平箏好施得神遊仙都也前進百餘里攢峰迴抜石徑危
引虛自石磴下道登搖曰且近何彷徨耶挈至頂其上坦
之仇何謂搖曰大又行百餘里復入一洞及出見積水無

一鄭絪
一鄭紳
一沈聿
辨虛
捧子

歎曰不免少從矣餘縱百餘里捧子引虛躡徑而過復至
止民頌賈德不置此凡三晝夜見前有巨木烟影繁茂高
聿出關東遊至華　木長嘯久之忽風起於林杪見巨繩系
本姑臧李氏子父縱捧令虛瞑目坐橐中僅半月捧曰可
長安佛寺及祿山在山項（六骨）有城邑宮闕璣王交映在雲物
是絕粒有道士喬稚川也相與諧其所見仙童百輩環列
挺秀後當邀遊仙僧何爲者非塵間人乎捧曰常願遊稚
近師可力去也虛至一殿有具簪冠者貌甚偉憑玉几坐
中遇捧子音奉荷橐而馭命虛謁拜曰此稚川真君也虛拜真君
當導而去矣虛即之仇乎不能對真君曰真不可留於此

餘葷食之。遂出虛亭，其亭亘空，居巖雲臺，見一人袒而舞
來，謂曰：「師安所詣？」對黑洞瑩心月。擇謂曰：「爾可謂而辯虛
仙府也，安得而至耶？」擇曰：「隋氏宗室楊洪，避國亂居山
從何達？」擇曰：「吾能言，近得其姪孫侍御德與代職，故居此
俱至藍田上治具槐也。夫徹視寓目於天下耳。虛請瘖擇
一洞水流入洞，擇其光若日月之照，虛悖然背汗，毛髮
二層
洞昏黑莫辨，遠望右壁下，擇曰：「此乙姓支潤，其名高麗人
照山水清麗，眞神之道至此。酣眠名剛處曰黑甜鄉，已而
傾勢虛眩惑不敢途，非前所歷。虛因問向謂眞君云三彭
乎下視川原邈然。上三尸中經云：上尸彭琚在人頭中，尸

彭質在人腹下，戸彭矯在人足，狀如小兒或似馬，長二寸。常居人身，利人之死，出即爲鬼而饗祀伺察，其罪每至庚申日籍於上帝，故學者當先絶三尸，則神仙可得，不然雖苦心無補也。虛乃悟，復歸太白，結廬房之絶粒吸氣，未嘗以稚川事語人。喬君至曰：此遊樂乎？虛具言。喬曰：爾知稚爲誰？即眞君長子杞也，惜乎既至而返，第勤行終可復至。虛因從華山下鄭紳，沇聿見其不食而貌豐澤，深詰之，虛述以稚川之遊，紳既聞驚歎不已，及關車同重至虛舍，已遁去。紳叙其事，曰稚川記。至長安見上下好貨，民多愁，乃邀聿復遊西嶽，同上太華峯頭，誅茅終老。時帝專意

嚴綬
尹君
嚴女

歙漈鎮多貢獻市恩河東判官嚴綬竭府庫以進奉徵爲刑部員外郎復命節度河東先有道士尹君隱晉山不食粟常餌松栢雖髮盡白而容狀若童獨遊城市里中有老父年八十餘者曰吾孩提時常見尹君外祖李翁亦年七歲已識之矣迨今曾無老色豈非以千百歲爲瞬息者耶時綬爲北門從事慕尹之道每旬休即驅駕詣焉及綬帥迎尹至署日與同席有異香自肌中發藹莫之散有女弟學浮屠氏惡其兄與道士遊密以堇斟致湯中命尹飲之既飲驚起曰吾其死乎俄吐一物甚堅而香綬剖視之真堇斟也尹忽貌衰齒墮其夕卒於館綬命部將治其喪後

朱太虛

二日葬汾水西三十里明年秋昭聖觀道士朱太虛因投
龍至晉山忽遇尹君驚曰師何爲至此尹笑曰去歲在北
門有以堇斟飲我故示以死能敗吾眞耶嚴君雖好道其
與延齡等逢君道家所不取裴子今秋當死嚴君尚延數
年言訖不見太虛歸白於綬綬曰聞仙人不死脫有死者
乃尸解也未幾女弟病狂死綬終不能有遇後果如期而卒是秋延齡卒

張建封

帝獨惜之丁丑以宦官爲宮市使徐州節度張建封入朝

李藩

具奏宮市不便不聽建封在鎭辟韓愈李藩爲僚佐常設
宴座賓咸集有吳門客述李靖事甚奇云蘇州常熟縣元

韋以清

陽觀道士韋以清於大曆時嘗附舟往嘉興聞香氣頗異

娩之適自同舟皆賈販之徒唯船頭一人顏色逾常旨趣恬靜。單至中路告令易坐既與近香氣益甚因從容問之其人曰某本地人少染大風眉髮皆落自惡不已逃于深山委身虎豹數日山路轉深遇一老人問某何為遠入山谷具述本意老人哀之曰汝疾得吾蓋矣可隨吾行因隨入十餘里過一澗豁然廣潤有草堂數間老人曰汝且住此待一月後吾來看汝因遺丸藥一裹令服又云此堂有黃精百合茯苓薯蕷棗栗蘇蜜之類任汝儘食遂去某服藥後不飢渴覺身輕居兩月老人方至笑曰汝尚在乎誠有心矣。知疾已差否令於水照之鬚眉皆生色倍少好老

周更生

于頔

○○龐蘊

○○龐婆

○○靈照

○○○櫥子

人曰既服藥不但祛疾可得長生且修行道德期會於二十年後令却歸拜請姓名老人曰子不聞國初李衛公乎即吾是也今以所修恐未合昔年限將及故再尋師耳單詢其姓氏曰周更生也單因記而傳之坐客聞者俱以爲異韓愈曰傳聞藥師辭官修道信有之矣戊寅秋淮西節度吳少誠叛詔諸道進討愈勸之封詔遣少誠致書求昭洗帝赦之山南東道節度于頔因討淮西繕甲厲兵有據漢南之志襄州龐蘊字道玄侍父任衡陽能仁寺一門宗浮屠氏車載金寶沉於湖曰幸無流累塵世遂棄家修道女靈照先坐化蘊回襄謂頔曰但願空諸所有慎勿實諸

◎劉白雲

傾謁紫玉山道通禪師，問如何是黑風吹船飄墮羅剎鬼國。師曰：于頔小子問此何爲。頔勃然怒形於色。師徐謂發此嗔恚，心便是黑風吹船舫飄墮入鬼國矣。頔怡然作禮悔謝。

所無遠、枕頤膝而逝。子方劉會亦釋鉏立立，麗婆別御罰曼然沉跡。○江都劉白雲家富於財，好義濟人，不的知有陰功。於市遇一道士稱樂子長，來寓海陵，謂曰：子有仙骨，而流浪塵世中何也。因袖出兩卷書與之。白雲捧視篇目，方欲致謝，子長歎曰：子先得變化而後受道，此前定也。乃指摘次第教之。子長去，白雲奉行，能役風雨，變化萬物。庚辰夏五月，於襄州陽江小山上化兵士數千，中結紫雲帳幄，天人侍衛，連月不散。于頔疑其妖，使兵馬使李西華攻之，帳幄侍衛漸高，弓矢不能及。判官寶歲納曰：此幻術也，穢之即散。乃取尸穢焚於下。白雲笑曰：爲我白節使，我非妖者，何必致討。若有叛者

李西華
竇處約
十王遜
十翟興

我當詩以神兵耳。遂乘白馬、從者四十餘人、走於漢水上、蹴波起塵、如平地、倏忽而殁、頓由是自戢。後於江、西湖南人、多見之、彌更年少潔白。時衡山刺史王遜好道、白雲常來郡中、一日謂曰、將往洪州、即於鍾陵相見、一揖而行、初不曉其旨、辰發靈州、午時已在湘潭、人有自湘來者、言之、驗其時日、則頃行七百里、旬日、遜果除洪州、到任、曰雲來訪、遜益敬事之、未幾辭往徐州、云送張僕射還京、後復於江都遇樂真人、曰爾周遊人間、固已有年、金液九舟之經、太上所勅、今授於爾、可選名嶽福地鍊服之、子日外可登天境、數十年後有識者、見在長安賣藥。張建封卒、帝召李籓為秘書郎、韓愈為監察御史、辛巳秋、韋皐命都尉翟興大破吐蕃、詔賜皐爵南康王、皐所辟僚佐俱

十 張芬

奇才異能行軍司馬張芬多力善彈每塗墻方丈以墨蘸彈彈之成天下太平字體勢端嚴如人模成曾有客於皐席以籌椀中蒜豆擊蠅十不失一舉座驚笑芬起曰無費吾豆遂以指捉蠅拈其後脚無有脫者其捷如此前後戰績與芬居多蜀人指二將為開興張苞再世壬午春苗晉卿同平章事信

田鸞

心好道有司奏嵩陽道者田鸞昇仙鸞家在長安世有冠冕鸞不仕富於財兄弟五六人習年未及三十而夭鸞年二十五母憂甚鸞亦自悟常聞道家有長生術遂入華山求問真侶心願懇至見黃冠自山中出遂禮謁求度黃冠舉頭指栢樹葉曰此即藥也何必深遠但問所志何如耳

鸞披尋仙方云側栢服久不已可以長生乃取栢葉曝乾爲末服之稍節葷味心志專一服至六七十日未有他益但覺時時煩熱而服不輟至二年餘病熱益甚頭目如裂舉身生瘡毋泣曰本欲延年反爲藥所殺而鸞益服至七八年其身如火人不可近皆聞栢葉氣諸瘡潰裂膿水遍身如膠毋意其必死忽自云體今小可須一沐浴令置一斛温水於室數人舁卧斛中自病來不寢久矣忽若思寢乃令掩戶勿驚遂於斛中寢三日方寤呼人起之身上諸瘡皆已掃去光彩明白眉鬢紺綠頓覺輕健自云初寢夢黄冠數人持旌節導引謁上清遍禮古來列仙咸相謂曰

栢葉仙人來也、授我以仙術、勒於玉碑、文皆金字、藏於上漆、謂曰、且止人世修行、後有位次當相召也、復引而歸、自此絕穀不食、隱于嵩陽、好道者皆從之、至一百二十有餘、常如少容、忽告門人曰、將赴清都仙約矣、遂無疾而終、顏色不改、異香滿室、空中聞樂聲、遠近悉來瞻禮、門人殯葬、晉卿轉以奏聞、命有司禮祀、郎中王卿聞其事、深自感歎、道惟以慕而得、師猶詳審而度

契虛既從釋氏、而喬君欽其遊仙之念、捧子遂引入稚川、夫亦欲其一變至道乎、

尹君飲菫酙不死、道亦高矣、但所吐膚膌、甚爲不解、咸亦張果孫博之流歟

李靖藥職修真、忽于此度、周于其字藥師、其成藥而矣

于頔潛蓄異志、故劉仙譬之、可知世人樂念、神明炯鑒

〇〇湘媼劈雪城救生　〇〇士良飲椰液不死

王卿初賣酒南郭每至節日有一道士過飲如是數年卿覺其有異至是復來遂結束潛隨數里道士顧見驚問何往卿拜曰願神人許爲僕使道士固辭卿固隨每過澗壑或高闊丈餘道士踰越輕舉卿躡之亦能渡行數十里一巖高百餘丈道士騰上卿不能登哀求禮拜道士曰何若從我當速歸不爾徒受困也卿曰遠險阻皆賴尊師今卻歸無路矣願見救援道士垂手巖下令舉手挨懸閉目躍身翁已飛上其上平曠烟景不類人間又從行十餘里見門庭整肅止卿於舍外草樹間謂曰候便令見天師卿潛

身三日道士每送飲食後一日忽見天師杖策出門形狀瓌瑋眉目疎朗四五人侍從道士私招卿於道側禮謁天師訝曰何因至此卿方具陳道士曰此人諄厚恐堪役使可令守竈天師命且收之遂引卿入院至廚下見一大竈下然火上有鐵甕閉蓋數重道士令卿專看不得妄視餘道士或汲水採藥蒸曝造食以供天師夜令卿卧廚下守火經六七日都不見有來看釜中物者後一夜卿不覺竊開窺藥忽見一白兎從甕中走出騞然有聲道士聞之曰藥已失墜競來呵叱惶懼失色天師大怒曰何忽引俗人來令失我藥召前道士責辱欲鞭之叩頭請却撿覓有數

水今處復見
然駭明
湘媪

人於庭施百禹步二道士鑾白鶴冲天俄頃已鶴回白兎復將釜中固濟煉之天師令速遣俗人道士遂令之出曰幾悞我子心未堅可且歸去後二十年於汾州市中相見卿竊問天師何姓曰申泰芝也又問兎是何藥曰鉛汞之精數千年始成生於西華至難得者余即潘太師弟子秘帝言也汝下高巖而別卿尋路歸數日方至郭已經年矣日憶汾州之約徑往赴之聞湘潭有一媪常居止人舍十有餘載以外篆文字救疾於閭里莫不嚮應鄉人稱曰湘媪爲搆葺屋數間而奉媪曰但土木其宇是所願也王卿徃拜之見媪鬢髮如雲肌潔如雪策杖曳履日可數百里

卿告其所遇媪曰申老執拗子可靜處汾州至期我當送子入山決難委也卿謝去媪遇里人女曰逍遙年二八艷美異常携筐採菊偶瞪視媪足不能移媪目之曰汝乃愛我可同之所止否逍遙欣然擲筐歛袵稱弟子從媪歸室父追及以杖擊之叱而返逍遙竊索自縊親黨敦喻其父母請縱之度不可制遂割捨復詣媪所但第塵易水焚香讀道經而已後月餘媪白卿人曰某暫往羅浮扃戶慎勿開卿人問逍遙何在媪曰已先行矣如是一去三稔人但於戶外窺見小竹遊筆叢生堦砌及媪歸召卿人同開鎖見逍遙幡坐於室貌若平日唯蒲履爲竹根穿於楝宇間

呂巖

張拱

媪以杖叩地曰吾至汝可覺逍遥如寐醒方起欲拜忽遺左足如刖於地媪遽令無動拾足勘膝噀以水乃如故鄉人大駭相率數百里來歸媪不喜人多識忽曰吾欲往洞庭救百餘人性命誰有心爲我設船一隻一兩日可同觀之里人張拱家富請具舟檝自駕而送之將至洞庭前一日大風濤覆一巨舟投於君山島上而碎載中近百餘人雖不至損未有舟來救各星居於島有一白黿長丈餘游於沙上數十人擲而擒殺分食其肉明日有城如雪圍繞島上居人莫能辨漸窄束至近人衆忙怖號叫囊槖皆爲虀粉逼聚爲蹊相去不三四丈巳無處攀援勢至危急岳

陽之人隔岸遥覩雪城妄相待渊時媪舟已至岸媪登島攘劍步罡噀水飛刺白城聲如霹靂城遂崩陷乃一大白鼉長數十丈劍立其胸蜿蜒而斃百餘人咸號泣禮謝媪令張拱送舡衆人過湖媪不欲歸命拱自返拱不忍别媪仍登舟將抵湘潭有道士再拜曰樊姑許時在何處甚相慰悦明日媪與逍遥不見拱尋詰道士曰此劉眞君妻樊夫人遊行人間踪跡不定忽老忽少作媸作妍至上高眞

趙歸眞

也吾即羅浮趙歸眞曾師事之謂吾道緣在京遂辭入長安帝一見親信即建觀以居令設教度世廣延道衆歸眞常謂人曰師言我赤虎之下當兵解也九華道士葉通微

葉通微

乃處士元藏機弟子偶與歸眞言其師之異云藏機乃後魏清河孝王之孫隋煬時官奉信郎大業九年爲過海使判官無何風浪壞船黑霧四合同濟者皆不免而藏機獨爲破木所載殆經半月達於洲島間洲人問其從來則答然具以事告洲人曰此滄洲也去中國數萬里出菖蒲花桃花酒飲之神氣清爽其洲方千里藏機遊覽花木常如二月地土宜五穀人多不死出鳳凰孔雀靈牛神馬之屬更產分蒂瓜長二尺其色如椹一顆二蒂有碧棗丹栗皆大如梨洲人多衣縫掖衣戴遠遊冠與之話中國事則歷歷在目所居或金闕銀臺玉樓紫閣奏簫韶之樂飲香露

之酹洲有久視之山下出澄水泉其泉潤百步亦謂之流淈雖投之金石終不沉没故洲人以尾鐵爲船舫有金池方十數里水石泥沙皆如金色中有四足魚又有金蓮花洲人研之如泥以間彩繪光輝煥爛與眞金無異但不能拒火更有金莖花如蝶微風至搖蕩如飛婦人競採爲首飾有語曰不戴金莖花不得在仙家以强木造船（方尺巾八百斤巨石縋之終不没）多飾珠玉以爲游戲藏機淹留既久忽念中國洲人遂製凌風舸以送激水如箭不旬日達於東萊問其國乃唐皇也詢年號貞元也訪鄉里榛蕪也追其子孫踪屬也遂隱於九華有二鳥大類黃鸝翔翥空中呼之即至

二、甫湜
一柳宗元
一李賀
母鄭

或令銜珠或受人語謂之轉言鳥藏機工詩好酒混俗無
摘十數年間遍遊江表咸謂已得真道歸真僧奏於帝命
使齎手詔急徵至中路忽亡去使者回奏帝咨嗟曰朕不
如明皇帝以降異人乎有人見藏機泛小舟於海上云將
復往滄洲時癸未臘月也韓愈上言方士惑人秦漢可鑒
詔貶爲山陽令時文士爭爲靡嫚都無風骨愈鄙之獨爲
古文皇甫湜柳宗元李賀等爭效之賀字長吉隴西稚年
善樂府意新語麗出遊命小奚奴背古錦囊得句則投之
其母鄭氏曰兒欲吐出心肝耶官太常年二十四晝寢見
天使降云奉上帝敕召作白玉樓賦賀跨赤虬上升留而

順宗誦
永貞
王叔文
鄭餘慶
穆質
門吏

遂卒母鄭念予深哀一夕夢賀如平生白曰幼奉親命爲詩文欲大門族不意承帝召不得奉晨夕母詢其故賀曰上帝近遷都於月圃搆宮名白瑶京以兒榮於詞故召與文士數輩爲新宮記帝又作凝虛殿使纂樂章王勅李白杜甫咸在已爲神仙甚樂願夫人毋念鄭寤哀少解時太子能文善篆甲申秋忽風疾帝亦不豫乙酉春正帝崩在位二十六年壽六十四太子即位順帝改元永貞以失音不能決事王叔文等轉相交結語陸贄陽城鄭餘慶穆質還遂城贄未至京而卒餘慶爲刑部侍郎質爲給事中餘慶爲郴州長史時有門吏自遠來省未至郴十餘里旅店遇一人狀貌如二

十三四、神彩俊邁，辭多稽古，語及開元麟德間事，如目覩。且兒附一書於餘慶曰：

九嶷五嶺，神仙之墟，山水幽奇，烟霞勝異，如陽朔之峯巒挺秀，勾漏之洞府清虛，不可忘也。所以祝融棲神於衡阜，虞舜登仙於蒼梧，赫胥耀跡於潛峯，黃帝飛輪於鼎湖，其餘高眞列仙，人臣輔相，騰翥逍遙者，無山無之，其故何哉？山幽而靈，水深而清，松竹交映，雲蘿杳冥，非凡骨塵心之所愛也，況邃洞之中，別開天地，瓊膏滴乳，靈芝秀草，豈塵目能窺，凡俗可履也。得延年之道，而優游其地，洵爲樂哉。

薛玄真　薛伯高　楊憑　鮮于弁

又言明年二月當復歸朝吏未相識問之初曰有志林泉久棄鄉國不欲骨肉親人知吾行止再三懇詰始云薛姓玄真名則天時人薄視功名遨遊泉壑得道於五嶺間棲息有志有緣者方可遇也吏至柳省訖出書餘慶令訪無蹤還朝語及給事中薛伯高流涕曰某之高祖也左常侍棄官入道不返此即是也穆質初應舉策云防賢甚於防奸楊憑曰君不得矣天子方禮賢豈得云爾質憂遂謁鮮于弁留食未竟僕報云尊師來弁奔具靴笏且命撤食及至一眇目道士耳質怒弁待漸忽視眇道安坐不爲禮道士謂曰莫曾上書策求名否質曰頃應制已過試曰面色

賈籠
賈直言
齡子

太喜合官在清近是月十五日午時後當知策是第三等
官是左補闕質辭去至十五日午方過閣扣門聲甚厲遣
人應門曰五郎拜左補闕後鮮于弁詣曰前道者乃賈直
言之父籠也言事如神不得不往謁之質遂與俱往籠謂
曰後三月至九月勿食羊肉當得兵部員外郎知制誥德
宗常賞對敭言事多有行者質已貯不次之望意甚薄知
制誥乃私謂人曰人生自有命豈有不嚼羊便得知制誥
四月給事趙憬召質同尋異人及見即籠趙致敬如弟子
就坐與趙言事畢復謂質曰前者令勿食羊肉何不相信
今乃矣質曰莫更有災否曰有質曰莫至不全乎曰初意

過於死緣識聖上得免於厄贄問何計可免曰無計又問
若遷貶幾時得歸曰少是十五年却回無何宰相竇參忌
之奏贄於大會中頻言章奏有善即自己出不善言皆諉
不納合以大不敬論德宗御書令與一官遂遠貶至是徵
李吉甫
入整十五年欲更訪龍不知其所往陸贄臨終表李吉甫
杜黃裳
可大用陽城遺表稱杜黃裳忠直帝疾久不愈以長子淳
爲皇太子純更名　王叔文有憂色質恥惡奸黨用事稱疾遁
入深山不返韋臯表請太子監國是秋制令太子即位爲憲
憲宗純
宗以黃裳餘慶同平章事貶叔文等爲諸州刺史尋貶司
饒勳
馬柳宗元至饒州究州名義云隋時樂安饒勳漁於紅遲

瑗眞
韋丹
元和
高崇文
李渤
王爽
馬士良

風濤舟覆其女瑗眞年十四哭行水濱不食三日死儀大
震霣水蟲多死父屍浮出鄉人具禮葬其父女上聞建廟
因名饒州宗元爲立饒娥碑記冬月韋皐薨蜀二十年善
撫將士周恤民隱蜀人德之畫其遺
像拜祀比於諸葛末幾翟張柑繼卒副使劉闢自爲留後
阻兵自守諫議大夫韋丹上疏討闢丙戌元和元年春順
宗崩闢陷東川黄裳薦神策軍高崇文進討連捷追擒誅
之詔崇文爲司空鎭蜀帝聞少室山人李渤之名詔爲左
拾遺渤辭疾不至然朝政得失輒附奏陳論以進士王爽
子渤弟爲京兆尹執法嚴酷萬年縣馬士良犯法爽欲殺之
亡命入南山至炭谷湫岸潛大柳樹下纔曉五色雲下一

試思究竟何物

仙女於水濱有金槌玉版連叩數下青蓮湧出每葉舒開仙女取擘三四投食之乃乘雲去士良見槌板尚在躍下扣之青蓮復出食十數枝稍覺身輕即能飛舉尋向彩雲所見大殿崇宮食蓮女子與羣仙處於中見之大異以竹杖遙擊墜於洪厓澗邊困倦熟睡及覺見雙鬟小女磨刀謂曰君盜靈藥奉命來取君命士良俯伏求救答曰此應難免惟有神液可以救君當以我爲妻遂巡持一碧甌至内有飲白色士良飲之盡復寢須臾而起女曰藥已成矣示之七顆光瑩如空青士良俛看腹上似有紅線處乃刀痕也女以藥磨之隨手不見戒曰但自修省慎勿語人若

谷神之女

漏泄腹痕必裂遂同住於湫側曰我谷神之女也守護上

九天聖姑

仙靈藥故得救君耳士良問上仙何人曰九天聖姑也後有見其於炭谷湫捕魚校一帖子必隨斤兩而得士良及歸萬年來往東西兩川柳

十柳晟

晟爲山南西道節度漢中府人謀亂士良奔告帥府晟疾驅慰勞衆拜謝晟欲賞士良辭費令還士良曰長安道險有賂則越次可擢無錢則濟法可誅吾何戀焉晟深然之

十武元衡

緫以恩遇了亥眷黃裳武元衡並同平章事韋丹爲江西觀察使崇文爲邠寧節度帝試策士於延英殿池州費冠

費冠卿

卿進士擢第將歸故鄉來別鄭餘慶鄭素與秋浦令劉道

劉道隆

隆善因費之行託以寓書手札盈幅緘以授費曰劉令久

在名場所以不登甲乙之選者。以其褊率不拘於時。故名科甲而就卑官可善遇之。費因請畧批行止於書末貴其因所慰薦稍垂青焉。鄭即發函批數行復緘如初。費賫至秋浦先投刺。劉閱刺委諸案上畧不顧盼。費竦立久之。無報。即以相國書授閽者。劉發函覽畢。嫚罵曰。鄭某老漢。回用此書爲擘而棄之。費益懼。拼闔趨拜於前。丘已之士。受道之林

王卿慕道。幸遇天師。乃不能堅守丹竈。致遭遣出。亦躁心之失也。終遇樊姑。許其引去。特原其誠求不懈耳。島上諸人。幸免覆溺。乃無故傷生。致罷城圍逼。非仙姑慈憫。盡爲虀粉矣。觀此。知物命不可橫殺。藏洪漂至滄洲。因禍得福。忽思歸中國。何其不知好歹士良亡命。得食靈藥。而配神女。大戲京兆之酷。或曰。世謂仙佛。乃英雄之退步。然退爲雌伏矣。道笑曰。道所以爲大英雄也。當思拱璧駟馬。何如坐進此道之訓

待客甚勤
兄

○○○陳罴老瓜圃傭工 ○○○田先生桑林判獄

劉道隆閔然顧之揖坐與語日暮促令排店費曰旨罴不可云置賓及從尋逆旅乞與廡下一宵明日徐詣店所即自解囊裝施氈席於地劉拂衣而入良久出曰此非待賓之所移其臥具於閣予閉鎖甚嚴費莫知所以據榻而息是夕月明於門隙中窺見劉令自執箒畚掃除堂之內外庭廡陛壁靡不周悉費異之危坐屏息而回將一更忽有異香郁烈劉執版恭立于庭似有所候既而香氣彌甚見雲冠紫衣仙人高八九尺數十人擁從直詣堂中劉再拜側立儀羅列餚果奏樂飲酒樂之音調殊常命劉侍飲仙人忽問得

鄭某信否對曰有費冠卿先輩自長安來得其書甚安仙
異曰冠卿且喜及第今在此耶曰在曰吾來合與之見且亦似相識
與一杯酒但向道早修行即得相見命劉酌酒一杯送閤
中費見劉自呷半杯即以階上盆水投盃中疑而未飲仙
人下階與衆乘雲劉拜謝嗚咽既去劉詣閤見酒猶在盞
曰此酒萬劫不可一遇何不飲也引而飲之費力爭得一
兩呷劉費遂為修道之友卜居九華山以左拾遺徵不起
鄭亦尋去世冠卿於暇日問向所降仙人劉曰此金闕上
卿漢天師張也昨言已初得緱仙姑傳我劒術纔得天師
教導云與鄭相及子前世為同門以何淺再謫于塵耳後天

聶鋒　聶隱娘

師復來授以道要皆得仙去　魏博大將聶鋒有女隱娘貞元中方十歲有尼乞食見隱娘悅之向鋒乞為徒鋒怒叱之尼曰任押衙鐵櫃中藏亦須偷去及夜果失隱娘鋒大駭令人徧覓不獲後五年尼送歸告鋒曰教已成矣尼欻不見一家悲喜問其所學曰但誦經咒無餘事也鋒懇詰之曰初被尼挈不知行幾里及明至一高峯石穴寂無居人猿狖極多松蘿益邃已有二女亦各十歲皆聰明婉麗不食能干峭壁上飛走若捷猱登木無有蹶失而尼固非尼則為道姑與我藥一粒服之命執寶劍一口長二尺許及利吹毛令劇逐二女攀緣漸輕一年刺虎豹皆決其首二年後能飛

磨鏡少年

刺鷹隼無不中劍及漸減五寸至四年留二女守山挈我入城不知何處指一人數其過曰爲我刺其首來無使覺授羊角匕首廣三寸遂白日刺之於都市囊首而返姑以藥化之爲水五年又曰某大僚無故害人若干可決之來乃度其門隙無障礙伏梁上瞑時攜其首歸姑曰爲汝開腦後藏匕首用時抽之言術已成可歸後一十年再見鋒聞甚懼後遇夜即失蹤及明而還鋒不敢詰因茲不甚憐愛忽磨鏡少年在門隱娘指曰此可與我爲夫鋒從之遂嫁焉少年但能淬鏡鋒給其衣食外室而居數年後鋒卒魏帥田緒廣招劍俠重以金帛署隱娘夫婦爲左右吏

田季安緒卒子季安代之朝廷以劉昌裔為陳許節度使季安與
劉昌裔之不協使隱娘刺之劉乃賈耽門人授其算術云後其年
有大厄以吾術得異人可免是亡正所言遇厄時也昕夕
卜算已知將來召衙將明晨往城北候一丈夫一女子跨
黑白衛至門遇鵲前噪丈夫以弓彈之不中妻奪夫彈一
丸而斃鵲者揖之云吾欲相見故遠相迎衙將受命候之
果如所言因前道意隱娘曰劉僕射果神人魏帥不及也
既見昌裔勞之夫妻再拜謝罪昌裔曰各為其主魏與許
何異願請留隱娘曰服公神明願捨彼就此劉問其所須
曰日給二百錢足矣乃依所請二衛潛收於布囊蓋紙所剪者

精精兒　空空兒

居月餘白劉曰彼未知住此必使人繼至今宵請剪髮繫以紅綃送魏帥枕邊以表不向劉聽之至四更却返曰信已送去後夜必使精精兒殺某及賊僕射某當計殺之劉豁達襟懷亦無畏色是夜明燭以待半宵後有紅白幡子飄飄相擊於床四隅良久見一人自空而踣身首異處聶飛下曰精精兒已斃拽出堂下藥化為水毛髮不存聶曰明夜使妙手空空兒繼至空空之神術滅形無影人莫窺其用鬼莫躡其踪某之藝不能造其境此繫僕射福耳但以于闐玉周項擁以衾某當化蠛蠓潛僕射腸中伺聽餘無逃避處劉如言至三更瞑目未熟聞項上鏗然聲甚厲聶

自劉口躍出賀曰無患矣此人如俊鶻一搏不中恥術不工即翩然遠逝纔一臾已過千里視五果有七首劃處痕逾數分自此益厚聶劉更重文士常與元白往來

白居易

白居易字樂天作樂府規諷時事流聞禁中召爲翰林學士與元稹

元稹

倡和極多時謂前有李杜後有元白戊子夏策試賢良方正舉人牛僧孺皇甫湜李宗閔署爲上第

牛僧孺

僧孺字思黯隋牛弘後有相者遇之曰公見青蠅拜賀方能及第僧孺以爲誕至是試歸庭前見青蠅作八行立約數萬折躬而三果獲第

李宗閔

裴垍

帝以裴垍同平章事問爲理之要何先對曰先正其心帝歎羨出宮女百人配爲民家婦德宗時南海進奇女子盧

盧眉娘　眉娘十四歲生眉如線而長故號眉娘本後漢景裕後流落嶺表幼慧悟工
盧景裕　巧無比能於一尺絹上繡法華經七卷字之大小纔半粟
法華經　許而點畫分明細於毫髮品題章句無不具焉更善作飛
仙蓋以絲一鉤分三段染五色結爲金蓋五重中有十洲
三島天人五女臺殿麟鳳之儀執幢捧節童子不啻千數
其蓋潤一丈稱之無三兩煎靈香膏傅之則堅硬不斷順
宗嘉其工謂之神姑令止於宮止飲酒二三合至是帝賜
金鳳環束其腕眉娘不願在禁中帝遂度爲道士放歸南
十八代　海賜號逍遙路經江右聞十七代師張順壽八十七而化
張士元　子士元字仲齊而多髯嗣教居應天山四十年出多虎太

莫敢謁每大風雨遥見其玄冠乘黑虎往來諸峯山南有丹舍山北有繙經石黑龍井碧蓮池唯三元日如下山傳籙道遥得受諸道法轉斂後見又忽冲遷香氣滿堂弟子將葬舉柩覺輕撒蓋惟衣履後人見乘紫雲遊於海上羅浮英士劉象先爲作盧逍遥傳時南方旱飢己丑春李繙表請賑恤裴垍薦繙有宰相器未達時聞胡盧生卜筮甚驗問之生曰貴人也在紗籠中繙問所由不復言至是爲相遇一異僧與言云凡宰相冥司必潛以紗籠護之恐爲異物所擾繙默喜帝好黃老繙曰秦皇漢武學仙之效驗具載前史太宗服天竺僧藥致疾古今之明戒也帝雖謝之捜羅靈異不已洛陽尉王琚因常調入京道出東都過天津橋馬前忽遇孽

張蓬子

王常

姪四郎幼失怙恃流落於外幾十五年因自述所以琚哀愍久之乃曰叔今赴選費用固多有少物奉獻即於懷中出金五兩許色如雞冠曰此不可與常者等價也到京但於金市訪張蓬子付之當得二百千琚問爾復何適對曰向居王屋山下洞今將往峨眉又問今泊何處曰中橋逆旅席氏之家時方小雨會琚不賷雨衣四郎請往寓中少俟雨霽琚與俱至其室見妻妾四五人皆殊色並來禮謁衣服裝飾華侈非常具飲饌極珍異四郎殷勤侍奉琚叩其所遇曰姪因困苦於鄭州道上遇一異人同姓常其名也憐其孤窮謂曰子能修道吾當救子姪跪而應之師四

其洛中人少負義俠於至德時遊終南遇風雨宿於山夜半雨霽月明慨然四望而歎曰我欲平天下之亂無尺寸之柄以佐我我欲救天下之飢寒而衣食亦不自充天地神祇福善之說固不足信言訖有人自空而下曰爾何言此其按劍沉吟曰言平生之志是何神聖降臨曰我同道人也有術水銀可死雖不足定禍亂亦足以濟危困於袖取書一卷授曰爾無救人之位而有救人之心正可行此術自此常以黃白周世之絕因以書轉授於姪故亦行其術琚未深信即起去四郎曰行李有期恐不獲再候也欲往劍門安頓人口至玉峯候謁太眞王夫人耳琚入京時

吉兒

呂渭

田良逸

蔣含弘

旱物價騰貴財用已匱因命奴吉兒將金訪之市果有張蓬子見金驚喜問要幾緡吉兒郎云二百千蓬子如數與之又曰更有可再來吉兒以錢歸琚大異明日自詣詢之蓬子曰此仙人王鶴丹金也得之可避火西域商胡專此伺買且無定價但王仙本約如此亦不可多取也琚始悔悟欲再遇之遍訪終不復見帝聞之召琚入殿詳問旋補爲懷州司馬先是侍郎呂渭楊憑相繼廉問湖南皆嘗師事南嶽道士田良逸蔣含弘二人道業極高遠近欽敬時號田蔣楊憑迎田至潭田方洗足使至乘小舟便行侍者以履襪追及於衙門便坐（傍若無人○）堦砌着襪楊迎見再拜田不止

呂溫

呂渭已卒

△田母

○歐陽平

之郎中呂溫刺衡州亦來就謁左右先告以使君是侍郎
子及入拜於牀下良逸拊其背曰汝是呂渭兒子耶溫泫
然流涕降堦良逸眞樸大率如此其母爲王喜寺尼年老
尼衆皆師之故呼良逸爲小師常日負薪兩束奉母或有
故命弟子代送尼衆早起見一虎在門外走以告田母母
曰應是小師使送柴來不足畏也含弘兄事良逸善符術△
自晦不用嘗於九眞觀修醮命徒至縣市齋物不及期還
藉告之言山口有巨獸當路以故遲滯藉以一符命置所
見處明日報獸斃於符下藉曰我本以符却之豈知不能
○眞修道○ 仁者○
自脫既以害物安用術爲取符本焚之歐陽平者行業亦

七

高慕二人之道自遠而至又兄事蔣修習有年半夢三金爐自天而下君有所召既寤潛告人曰二先生不久去矣我繼之俄而田蔣一時蛻去呂刺史至山視殮顏色如生奇香馥郁歐陽忽亦坐化悉并爲殮葬申奏三仙之異帝命立祠韋丹觀察江西有惠政嚴禁掠人販賣閏三月忽卒吏民表請立廟在京時有道者與丹交遊歲久謂丹曰

○陳黑老

子好道心堅可自往徐州問黑老丹乃求假出至徐州經數日遍訪皆云無之召問衙吏吏曰並無姓黑者惟去此五里瓜園中有一人姓陳爲人傭工賃居半間茅屋州人見其黑瘦皆呼爲黑老不知是否丹曰可爲我邀來吏往

喚不行乃驅迎至驛丹具公服在門祗候一見便拜黑老
曰傭作求食不知何罪被捉願得生回復怖畏欲走吏人
遮攔不放自辰及酉丹禮貌益恭黑老驚惶轉甚畧請上
廳不肯二更方上堦傍坐於牀丹再拜諮請不已至三更
黑老忽倒臥鼻息如鼓丹兢兢立牀前困極不覺和公
服亦臥於地五更黑老起撫丹背曰汝起汝起似汝好道
吾亦愛之大抵骨格不成就且須受人間富貴待合得時
至誠感動
吾當來迎汝不然恐汝失路耳初秋日可再來此當爲盡
話言訖徐去丹却歸至期前一日晚至徐州黑老已辰時
死矣丹惆悵葬之而回自後弃京師道者亦不見丹任江

韋煌

齊推

齊推女

李性

西二十餘年忽一叟謂闕人曰可報公道黑老來也丹倒屣相迎密談竟夜明日無疾而卒帝即用其長子煌為主祀大夫世守其廟饒州牧齊推深惡南人尚鬼曾以女嫁書生李性數月而孕性赴舉長安婦將產於州之後堂夢神斥逐女知父素不信不敢言未暇移居既產口鼻流血而死殯於官道側俟罷郡遷之北歸明年性下第歸饒日晚於野中見妻訴已屈死乃曰有田先生者九華洞中大仙也隱於鄱亭村作小學以教村童可往告求其神力或能再生性如言蚤詣膝行而前首體投地哀告先生堅拒涕泗叩切及夜終不就坐學徒既散先生曰誠懇如是吾

亦何所隱耶。但不敢相告舍已壞矣且爲作處置從屋後
出百餘步至桑林時已昏暝忽光明如晝化爲大府崇門
儀衛森列先生寶冠紫帔據案而坐擬於王者傳呼地界
俄有十餘隊各擁百餘騎奔至皆長丈餘謁者呼名通入
曰廬山江瀆彭蠡等神到先生曰刺史女爲鬼所殺聞之
何不申理對曰獄訟無主未果發擿賊是鄱陽王吳芮因
刺史宅是其所居怒生產腥穢遂肆凶暴先生命擒芮牒
天曹戮之勘云齊氏算尚有三十二年合生二男三女有
進士祿奈其屍腐敗一老吏曰東晉鄴下有人誤死屋已
壞又合還生葛山君斷令具魂爲身與本無異但壽盡日

泥也乾淨

無形，今只怕其魂魄合為一體，以神膠塗之，鬖還却生。先生許之，見有七八女人，俱似齊氏，吏引至，推而合之，有藥如粽餳，以塗其身，頃刻官吏皆散。性與妻及先生皆在桑林間，夫妻叩謝。先生曰：「但云自得再生，勿多言也。」性領妻還，推始異而信之。其後年壽男女，皆如所言。性復應試，為進士，庚寅出補為河陽司馬，後福未艾，前頗不危。

仙姑，尼裝混世，於楊堅時已然矣。其教隱娘劍術處，又非中條一派，宜與紅線磨勒為儔。

眉娘之藝，靈奇較之薛夜來神針暗紉，堪為絕對。

四郎為王常弟子，受呂祖親傳其丹金，安得不貴。

韋丹求道誠篤，宜黑老感而來。生前之黑叟，今之黑老，是一人否。

田生為中公仙，秩既高，何以混俗于村學，豈大仙亦喜處館乎。一笑。

潘郎流風

一鳥重胤

化神

二女冠

三小僕

○○○伊祈玄解黃牝馬　○○○軒轅彌明石鼎詩

河陽民有花癖富室名園競栽奇木以相炫有客勸節度使烏重胤移京師玉蕊花來足當魁賞性曰名花有司守之神精靈憑附況民間重費構求亦一方大病重胤遂出示禁絕長安安業唐昌觀舊有玉蕊樹花每發若瓊林瑤樹車馬尋玩者絡繹一日有女子年可十七八綠繡衣乘雙鬟無簪珥之飾容言婉娩從以二女冠三小僕皆丱髻黃衫端麗無比既而下馬以白角扇障面直造花前所經處異香芬馥聞數十步外皆疑出自宮掖莫敢逼視停盼良久令女僕取花數朶而出將乘馬顧謂黃衫者曰太眞

劉禹錫

嚴復休

伊祈玄解

夫人有玉峯之約自此行矣時觀者如堵咸覺烟飛鶴唳景物輝煥舉轡百餘步有輕風擁塵須臾塵滅望之已在半空餘香不散者經月元白劉禹錫嚴復休等皆賦玉蕊院眞人降詩帝聞之歎頌不置見玄眞子圖本漁詞因畫像訪之不得令集其詩歌上之其兒亦得仙哉問志和所在不答而去時有處州伊祈玄解縝髮童顔氣息香潔常乘一黃牝馬纔三尺高不啗芻粟不施韁轡惟以靑氈藉其背歷遊青兗間與人道乎百年事皆如目擊帝詔入宮館九華之室帝每日親訪而玄解魯樸未嘗閑人臣禮帝問曰先生春秋高而顔色不老何也玄解曰臣家海上種

張維則

即木公九丙

靈草食之故得然也於衣閒出三等藥實種於殿前未幾皆生一曰雙麟芝色褐一莖兩穗穗形如麟二曰六合葵色紅葉類於茙葵始生六莖其上合爲一株共生十一葉内出二十四花如桃朶而千葉一葉六影實如相思子三曰萬根藤一子而生萬根枝葉皆碧鈎連盤屈蔭幾一畝狀類芍藥蕊色殷紅細如絲髮可長五六寸一朶内不啻千莖亦謂絳心藤　靈草既成帝躬采餌頗覺神驗内給事

張維則自新羅國回進所得金龜印云於海上泊舟島間聞雞犬鳴吠似有焰火乘月行約一二里見花木樓臺中有數公子章甫冠紫霞衣吟嘯自若惟則請謁公子問何來因具言其故公子曰唐皇帝乃吾友也命一青衣捧金龜印以授曰致意唐皇持還舟旋顧舊路無蹤矣帝視其

秀才 王煉士

印長五寸面方一寸八分篆曰鳳芝龍木受命無疆歎曰
朕前生豈仙人乎因緘以紫泥金鎖置帳內後常現五色
光是月寢殿前連理樹上生靈芝二株宛如龍鳳帝曰印
篆所謂寧非此兆乎重賜惟則是秋李吉甫罷爲淮南節
度州境廣疫吉甫爲之不飲酒不聽樂會有制使至不得
已而張筵憂慘見色醼合謂諸客曰弊境疫厲亡殁相踵
諸賢儻何術可以見救下座一秀才起曰某近離楚州有
王煉士云從太白山來濟拔江淮疾病休糧服氣神骨甚
清得力者衆矣公喜延於上座令作書并手札遣人馳迎
旬日而至館於州宅不食寡言李稱弟子以祈之煉士曰

王四郎弟子

相公但令於市内多聚龜殼大鑊巨甌病者悉集無慮不瘥李遽遣備之王令濃煎重者恣飲輕者稍飲得汗皆愈李公喜贈以金帛不受欲留之辭曰本師在白鹿須往從之問仙公何名曰不敢言索筆書鶴字而去辛卯春吉甫復召入同平章事二月西域進美玉一圓一方徑五寸光彩凝冷可鑒毛髮玄解方坐於帝前熟視曰此圓者龍玉也生於水中為龍所寶若投之水必有虹霓出焉方者虎玉也生於巖谷為虎所寶若以虎毛拂之紫光迸逸百獸懾服帝令試之各如所說詢得玉之由使人曰一自漁者得一自獵人獲帝命錦囊盛置内府玄解亟請還東海帝

考德奇

二 張士平

未之許時宮中刻木作海上三山綵繪華麗壬辰元旦帝指蓬萊曰非上仙無由得及是境玄解笑曰三島咫尺臣雖無能試一遊以探物象妍醜即踴身於空漸覺微小俄入金銀闕內左側帝連呼之竟不復出追思歎恨因號為藏真島每旦於島前焚鳳腦香以崇敬禮後旬日青州奏玄解乘黃馬過海矣是秋帝患目赤諸醫莫效有故壽州剌史張士平進井水洗之目遂明白士平中年夫婦俱病瞽歷求方術不得遂告病退居別墅杜門自責唯禱醮星辰以祈神祐年久家業漸虛精誠不退有書生詣謁云攻醫但求一見士平扶病出書生曰使君之疾不假藥餌明

太白星官

天行必有效驗

曰倩丁夫具鍬鍤爲開一井眼自立愈張如其言書生即
選地自晨穿井至夕見水士平眼疾頓輕及得新水洗月
即平復如初夫婦感謝以厚幣書生曰吾太白星官也五
術星君使我降授答子修奉并留此法廣濟於世其要以
子午年五月戌酉十一月卯辰丑未年六月戌亥十一
月辰巳寅申年七月亥子正月巳午卯酉年八月子丑
二月午未辰戌年九月申未三月寅丑巳亥年十月申
酉四月寅卯
取其方位年月日時即爲福也濠井及泉必有良效士平
再拜受之臨行曰魏帥亦西方一小星故劍客附之今將

田弘正

帶歸本位言訖昇去是月田季安卒將士推田興為留後

興能守法歸命帝即以為節度賜名弘正遺知制誥裴度至魏

裴度

博慰勞度聞喜人字中立累困場屋遇相士曰騰蛇入口定主餓

死偶遊香山寺見婦人祈禱遺其緹緡中有犀玉帶二圍

度俟久不至持歸詰且攜往候至還之婦泣曰老父被繫

假此以賂要津失此必死再拜而去明年及第復遇相者

於京邸大驚曰公縱理成龍紋舌必生痣為雙龍戲珠富

裴客師

貴壽考非大陰德莫能致度請相者姓氏曰裴客師也天 緺

軒轅彌明

子則天時 欠 訪軒轅彌明其先是進士劉師服常於湘南

隱去成道

劉思服

遇彌明者云年九十餘往來衡湘善捕逐鬼物能拘囚蛟

侯喜

臨老猶看
又相

琳虎豹與言千百年事如目擊至是十二月將自衡山遊
太白過京師師服遇之招其止宿有校書郎侯喜新得詩
名擁爐夜坐與劉說詩彌明在側貌極陋白髮黑面長頸
結喉又作楚音喜視之蔑如彌明忽掀衣張眉指爐中古
鼎謂喜曰子云能詩其與我賦此乎師服以舊識敬其術
數不知其有文也先援筆題兩句云巧匠琢山骨刳中事
煎烹次傳與喜踴躍而綴其下曰外苞乾蘚文中有暗浪
驚題訖吟之彌明啞然笑曰子詩如是而已乎即袖手竦
肩倚北墻坐謂劉曰吾不解世俗書子為吾書之高吟曰
龍頭縮菌蠢豕腹脹彭亨初不經意而皆有似譏喜二子

相顧慙駭劉復賦曰大若烈士膽圓如戰馬纓喜又成曰在冷足自安遭焚意彌貞彌明吟師服書曰秋瓜未落蔕凍芋強抽萌師服又吟曰磨礱去圭角浸潤著光精喜思益苦務欲壓彌明每營度出口吻吟聲益悲操筆欲書將下復止亦竟不能奇曰旁有雙耳穿上爲孤髻撐吟竟彌明曰時於蚯蚓竅微作蒼蠅聲其不用意如初所言益奇語皆侵二子夜將闌劉侯起謝曰尊師非常人某等服矣願爲弟子不敢更吟彌明奮然曰此章不可不成也謂劉把筆把筆吾與汝就之即又連唱二十餘句劉書畢讀之服彌明曰此寧文耶就子所能而作耳非吾之學於師

者也吾所能者子皆不足以聞也寧獨文乎哉吾閉口矣二子下拜曰不敢有他問但稱不解人間書敢問解何書眾問不應二子退就坐彌明倚墻睡鼻息如雷二子怛恐不已斯須亦困遂坐而假寐及覺驚顧已失彌明聞家童曰道士自曉出門矣追覓不復見悔恨自責携詩詣韓愈愈曰聞有隱君子彌明豈其人耶道爲石鼎聯句序以記之癸巳春劉昌裔入朝隱娘辭去云往儀天觀謁明香問道乞一虛銜給與其夫（何意）劉如約去不知所之及劉歸鎮卒於軍隱娘怨鞭驢至柩前慟哭而去（多情）舊年冬高安縣令湛賁奏以縣治與李眞多元陽觀基兩相易逍遥山（妙眞宮）其產經

陸紹　李秀才

之地復立儀天觀觀中女眞世傳其經郡人每脩香信詣
觀看經以保產難眞多賜號明香元君帝惡白居易多言（是謫仙）
時事貶爲江州司馬居易喜曰匡廬在令久矣得青山綠
水中爲風月主人李甚節草堂於香爐峰下李絳每以居
易忠直爲言甲午春罷絳爲禮部尚書以陸紹爲虞部郎
中陸嘗謁表兄於定水寺爲院僧具蜜餌時果隣院僧陸
所熟者令左右邀之良久僧與一李秀才偕至環坐笑語
頗極院僧顧弟子煑新茗巡將匝而不及李陸不平僧笑
曰如此秀才且以餘茶飲之隣院僧曰秀才乃異人座主
不可輕言僧又言其不逞之子弟何所憚秀才怒曰與

上人素未相識焉知余不是徒也僧復大言望酒旗觀變場潜豈有作者乎李乃白座客曰予不免對貴客作造次矣因捧手袖中據兩膝曰柱杖何在可擊之僧房門後有節杖子忽跳出連擊僧頭衆為僧蔽護杖伺隙捷中若有物執持者李復叱曰捉向墻僧乃負墻拱手色青氣短唯言乞命李呵僧下堦自投無數衂（自取）鼻敗顙衆哀請李徐曰緣對衣冠不能殺此為恨揖去僧半日方能言如中惡狀改日衆往問其來歷隣僧曰云東平鎮使族子訪友至此人無敢戲之者衆覓之不復見是秋彰義節度吳少陽卒其子元濟自領軍務帝以李光顏督諸道進討元濟求救

李光顔

恒鄆王承宗李師道數上表請赦帝遣中丞裴度詣行營宣慰還言光顔忠勇必能立功既而大敗淮西兵帝以度爲知人

師道多蓄術士李秀才又爲招致異人揚州坊市

胡媚兒

間有女丐稱胡媚兒所爲怪異觀者雲集其旋化日獲千萬懷一琉璃瓶子口如葦管可受半升許表裏烘明如不隔物置席上謂觀者曰但求施滿比瓶足矣有人以百錢投之錚然見瓶間如粟粒有以千錢投之如前投萬錢亦如之好事者與錢十萬二十萬皆如之或驅以驢馬者就瓶口欻然而入見在瓶皆蠅大行動如故有度支兩稅綱

稅綱

自揚子院部輕貨數十車至駐觀之以恃官錢綱曰爾能

小李愬

十李佑

言裴度臧與也

令誌卒入乎媚兒曰許之則可網曰且試之媚兒微側瓶口大喝絡絡相繼入瓶歷歷如行蟻然漸不見媚兒叩跳入網遽撲破求之一無所有有人於清河北逢媚兒部領車乘同一秀才趨東平去師道怒帝不從其請客曰實武元衡贊帝誅蔡請往刺之元衡入朝有盜自暗中取顱骨去又擊裴度傷首因氈帽厚得不死或請罷度官以安其心帝怒以度同平章事李晟子愬沉毅果斷丙申冬以代為唐鄧隨節度使愬擒其將李佑撫用之丁酉秋度請督戰民間有謠云緋衣小兒坦其腹天上有口被驅逐是冬愬用佑計雪夜抵蔡城擒元濟戮之賜愬爵涼公度爵晉

崔從

楊敬眞

王清

公光顏佑等遷官有差戊戌冬廉訪使崔從按察陝虢還京奏虢州閿鄉縣長壽鄉天仙村田家女楊敬眞年十八嫁同村王清家貧力田楊供婦職甚謹夫族目爲勤力新婦性沉靜不好嬉笑有暇必灑掃閉門獨坐雖隣婦狎之

夙根清淨

終不相往來生三男一女去年五月十二夜告夫曰吾神識頗不安惡聞人言當於靜室寧之請君與兒女暫居異室清以田作困故聽之楊乃沐浴着新衣洒掃焚香閉戶而坐及明清訝其起遲闚視衣服委床若蟬蛻驚告其父母共嗟歎之隣曰昨夜方半天樂西來下於君家奏久之稍稍去咸聞異香遍數十里村吏以告縣令李邯遣遠近

音遥無蹤矣、勿動其衣、環户以棘、冀或再來、至十八日五更、村人復聞仙樂異香從東來、下王氏宅、久之而去、及明窺其室中、髮髻有人、乃走告縣令邢親啟門、婦宛然在床、覺面目光芒、邢問之、曰、初有仙騎來言、夫人當上仙、宜靜候之、三更有仙樂彩仗、霓旌絳節、鸞鶴紛紜、五雲降於房、執節者前曰、准籍合仙、仙師命使迎會於西嶽、二仙童捧玉箱、中有奇服、非綺非羅、若道人衣、珍華香潔、不可名狀、遂衣之、青衣以鶴來迎、試乘之、雲仗擁導、至華山雲臺峯盤石上、有四女先在、曰馬信眞、徐湛眞、郭修眞、夏守眞、相見稱慶、各賦詩通意、既而雕盤珍果、皆不能識、妙樂鏘鍠

○郭修真

郭徽崖谷執節曰、且往蓬萊謁大仙伯、問爲誰、曰茅君瀠也、前引東去、花木樓臺皆非人間、蓋仙伯居金闕玉堂、侍衛縣蕭、見五人喜曰、來何晚耶、飲以玉杯、賜以金簡鳳文之衣、玉華之冠、配居蓬丘之院。

○裴守真

四人出、敬真獨前曰、玉清父無人侍養、請回侍其殘年、然後從命、惟哀之、曰汝村一千年方出一仙、汝當其位、無自墜也。地雖鍾靈、人難受道、士平精誠祈禱、星官感而授法、目乃復明、誠之爲義大矣哉。齋井之法既詳載、非當急用之、彌明大有學問、疑是黃帝之後、與堯後伊祁女解一時並見、憲宗爲靈真降世奚疑、秀才婿兒術甚奇幻、第以欺世惑人、所以不入正道、敬真田家女也、以克盡婦道。性耽清淨、遂獲昇仙、雖是夙根所致。亦見道不遠人。

○○○藍關道望娃相逢○○○金刀下高人獨說
殺㽞真送歸故得還家邶朋昔何修習曰村婦何知但本
虛靜朋即凝神無俗慮入胸此性也非學也又問要去可
否曰雲鶴來迎即去不來無術可留邶以狀聞㦸使延於
陝州紫極宮請潰父於別室奉餐人不得升其階唯廉使
從事及夫人之將拜著纔及階亦不得升堂至是崔從以
聞帝召居內殿問道無所對尋放還陝時啗果實飲酒二
三盃蓉色轉覺芳嫩後潰父沒雲鶴復來迎去帝晚節益好神仙聞茅
山黃尊師法籙甚高徽之師名鑒號洞源嘗於山側修觀
起天尊殿置講求資講筵初合一人排闥叫呼貌甚[illegible]

言辭鄙陋腰插髑髏如隨客騾伎者罵道士奴時正熱誘
衆何事自木向深山修業敢漫語耶黃不測即殷勤遜謝
衆畏不敢抵捂久之辭色稍和曰要修殿堂乎却用幾許
錢黃曰五千貫曰可盡輦破鐵釜及雜鐵來黃悉其異人
令觀中諸處收拾約得六百斤其人乃掘地為爐以火銷
之探懷中葫蘆瀉出兩丸藥投於上以物攪之少頃去火
已成上銀曰合得萬餘貫若討用有餘請施貧乏黃敬謝
乃笑而去黃靖修有得弟子曰叙瞿生者年少不甚端慤
屢為黃師所咎草堂東有小洞高八尺荒蔓蒙蔽以為虵
所伏瞿又怠惰為師所箠遂逡巡避杖入洞師遣人芟草搜

瞿來度黃
升師事也

索食頃出持一碁子曰適觀秦時人弈遂留飧讚尚意爲
狐魅瞿因言生於辰溪幼靈異稱瞿童大曆間亂奉母避
入武陵戲躍投井自大酉華妙洞出依善卷祠修鍊久之
母卒斂葬遂欲雲遊至零陵黃華山見獵者將射二鹿子
曰是吾馬也（指鹿爲馮）乃騎至此衆哂其狂妄世傳茅山爲仙府學
道者數百千皆宗黃公悉以爲德業階品尋合上昇每至
良辰無不瞻望雲鶴明年八月望夜天氣清肅中宵雲霧
繽紛大起集窓牖間仙樂滿庭復有步虛聲弟子皆謂師
昇之期遽備香燭黃沐浴朝衣以俟真侶將曉烟氛漸散
見瞿乘五雲出庭靈樂飄空於雲中再拜曰某稍違以微

瞿柏廷　李道古　皇甫鎛　柳泌　弘思

罪摘世限滿當歸。尊師更務修造。來亦不久。遂去。隱隱猶聞樂音。黃始悟為先朝得道之瞿公。及應召入京。忽於東市見先插螺鞭至山者。肩絆小襆子。隨騎驢老人行。黃欲趨揖。乃搖首指乘驢者。復連叩頭。黃不敢前。但揖禮而已。老人髮盡白。貌如少童。黃驚訝久之。及入見帝。談道甚洽。出居昊天觀。時召見。宗正卿李道古因皇甫鎛薦山人柳泌能合長生藥。泌言天台多靈草。誠為彼長吏。庶幾可求。帝即以泌權知台州刺史。時有功德使弘思上言。鳳翔法門寺塔有佛指骨。相傳三十年一開。開則歲豐人安。明年應開。請迎於京師。供奉。帝信悅。十二月。遣中使率僧衆迎

風俗大壞

崔羣

韋月

非癡非狂誰
氏子去入王
望稱道士白
須老母齋門
歸僥斷袖衫
留不住翠眉
新婦年二十
載送還家哭
穿市或云欲
學鳳皷笙折

之已亥春正迎佛骨至京帝留禁中二月乃歷送諸寺王
公士民瞻奉施捨雖恐弗及有竭產充施者有燃香頂臂
供養者刑部侍郎韓愈上表極詆其非帝大怒出示宰相
將加愈極刑裴度崔羣言愈雖狂發於忠悃乃貶爲潮州
刺史先是愈之猶子名湘字清夫幼而落拓不讀書好飲
酒弱冠往洛下省骨肉乃慕雲水不歸童眞不漏號元陽
子近二十年絶音信及愈爲刑部一日忽歸長安知識闒
葺衣服垢弊行止乖角愈令於學院中伴子弟誦讀湘惟
與小臧輩賭博或庇中醉卧三日五日或出宿於外愈懼
其犯禁陷法時勗之暇日問其所長云善卓錢試令爲之

[illegible]史此文[illegible]屬兵家學道之徒也

今之講筒約本於此

植一鐵條尺餘百步內卓三百六十錢一一穿之無差失是大道
者又於五十步內雙鈎草天下太平四字點畫極工又能下睢
於爐中累三十斤炭支三日火火常熾目滿乃消愈問其真是火候
修道則玄機清話該博真理常以漁鼓簡板宣唱道情聆
者忘倦有問其漁鼓何爲曰此傳道筒也以口耳抵其兩
端而談玄雖精鬼莫測又云能染花是秋與愈後堂前染
牡丹一叢云作含稜碧色內合有金含稜紅間暈者四面
各合一孕具五色者自劚其下制藥而後栽培之俟春爲
驗無何潛去及明年花開數朶色如其說但每花瓣中有
雲橫秦嶺家何在雪擁藍關馬不前十四字愈始異之至

十劉悟

藍關全傳存於此

是被貶行至商山泥滑雪深頗懷抑鬱忽見湘迎立馬前拜起勞問扶鐙接轡意甚殷勤翼日雪霽送至鄧州乃白愈曰師在此不得遠去將入玄扈倚帝峯矣愈問其師云是洪厓先生東園公方使柔金水玉作九華丹火候精微難以暫捨愈曰神仙可致乎至道可求乎湘曰得之在心失之亦心校功銓善黜陟之嚴儆王禁也姪他日復當起居請從此逝愈憶花中之句乃爲足之以與別湘與藥一瓢曰服之可禦瘴氣且至潮立政救民不久即當內召無重憂也遂飛行入林愈匹馬之潮東平李師道聞帝感於仙佛復拒命絕貢詔諸道討之都知兵馬使劉悟勒兵捕

二韋行式 二韋行規 韋子威 四丁約

師道及其二子斬之并獲叛黨數人以獻大曆中韋行式
為西川採訪使弟行規便弓矢姪子威弱冠號玩道書溺
修煉事有步卒丁約者執厮役於部下勤恪不怠子威頗
私之一日辭氣慘慄云欲他適威怒曰籍在軍中焉容自
便丁曰去計已果不可留也然某勤肅左右二載於茲未
能忘情思有以報有藥一粒願以贈别此非能長生限内
無他恙耳因解衣帶内得藥類粟以奉曰郎君道情深厚
不欺暗室終當棄俗尚隔兩塵子威曰何謂曰儒謂之世
釋謂之刼道謂之塵善堅此心亦復遐壽五十年近京相
遇此際愼勿相訝也言訖而出子威驚愕亟令追之不及

主將以逃亡上狀請蓄兵籍子威後明經擢第調數邑宰
已及從心之歲毛髮皆鶴將還京輦憩驪山旅舍聞逍衢
甚喧詢其由曰劉悟執師道將校至闕下步出視之兵仗
嚴衛桎梏檻車中一人乃丁約也及接雙舒長驅而西齒
髮強壯無異昔日百千人中驚認之際約已先見微笑遥
謂曰尚記臨邛别時否一瞬五十年請送至前驛俄抵滋
水驛則散禁於廊舍間一敷以給飲食子威窺之見腕置
桎梏覆之以席躍自竇出携子威手上旗亭話濶别之恨
且歎威之衰耄威曰聖朝奄宅天下仙兄何和判臣耶約
曰蜀國睽離言之久矣又問果就刑否曰遁家有尸解兵

觧、水觧、火觧、實繫有徒嵇康郭僕皆遭戕害吾亦以此委蜕耳巽韓彭與土壤并也某或忍避孰能追之復問不對、唯云需筆、威嫂書囊而進曰明日法場寓目豈蜕於此乎、約曰未也夕當甚雨雨晝雨止國有小故十九日天限方及君於此時幸一訪别復自穴入荷校以坐于威却往温泉日晡風埃忽起夜果大雨遲明泥及骭詔敗日行刑雨宿方齋王姬有甕於外館者復三日不視朝果至十九日方獻廟行郾始行大戮子威飯僕飽馬徘徊亭午俘囚繞至丁遥目威笑頷三四及揮刀獨見斷筆霜鋒倏忽躍出衆中。又登酒肆、邀威對飲勉其奉道言將訪道兄同歸也

威問何人曰盜郭府歌姬之磨勒令叔京西所遇之老也
同師終南孫秀才者冉冉下旗亭西去數步而滅威叔行
規少好遊俠往來京西道一日將暮止旅店食訖更欲前
進店有老人方工作謂曰客勿夜行此中多盜韋曰某留
心弧矢無所患也（自負）因行數里天黑有人起草中尾之韋叱
之不應連發矢中之復不退（危哉）天盡韋懼而奔有頃風雷齊
至韋下馬負一大樹空中電光相逐漸逼樹杪覺物紛紛
墮其前視之乃木札也須臾攢札埋至膝韋驚懼投弓仰
空乞命頭叩樹數十電漸高風雷亦息顧大樹枝幹皆盡
鞍馱失去遂返前店天已明且老人方箍桶韋意其異人

田山叟　郎先生申元之

拜而且謝老人笑曰客勿懼也此間盜者非弓矢所及老夫方此鎮之夜率聊相戲耳引入後院鞍馱具在又出一桶板昨夜之箭悉中其上（射技亦精）行規自此不敢漫遊其舅薛昭爲平陸尉山東道廉訪使奏其故縱罪犯朝議以因爲毋復仇殺入猶在可矜昭之罪不必逮問坐謫爲民可也昭生平義氣自負常慕郭代公李北海因值宿憐囚孝義與金而逸之勑下謫於海東不問家產但荷銀鐺而去有客田山叟者或云數百歲素與昭洽賫酒攔道餞之曰君眞義士脫人之禍而自當刑辟非其倫也吾請從子昭不許固請乃許至三鄉既夜山叟置酒醉其左右謂昭曰可以

穴螘出山

將吾白絹去有急即蒙首服此非唯去疾兼能絕穀此大
服夜至穴側容迎笑引入匿不獨脫難且獲美妹昭遂辭
容體已生及回顧帷帳唯合乃踰垣而入追名莫能知蹤
與容同歸金陵幽棲後有餌朮清畋昭徘徊堦下有三美女笑
師戀辭還山帝令百官送設茵共坐昭詢其蹤長張雲容
曰師曾遇張果大仙乎昔子楊妃侍兒常令獨舞霓裳於
崑崙仙僕也緣今上是蓬其申天師談道得與貴妃竊聽
海師之仙期已近可急歸凋困閒處叩頭乞藥云固不惜
蛻化少室山人李渤是其朝聞可夕死矣乃與絳雪丹一
以爲庫部員外郎是秋命能大其棺廣三尺舍以眞去跡

唯恩蝎澤不龜無魚鱓執沉寂有物拘制陶出陰陽後百
降詔禁絶以復流亡
台採藥無所得逃匿山中再生便爲地仙耳我沒蘭昌時
先已昏
李道古保護之復使得詔陳玄造受其事送終之器皆得
獻上帝服之日加燥烈性非今宵良會乎此宿分非偶然
以養母一日遇牒至朱州山叟魁梧昭驚曰叟即天師明
可倍行數百里乃掘二小又問蘭鳳容曰亦當時宮人死
曰針其兩足張初不知痛聞雞聲三人曰可歸室矣昭與
滿坑大覺舉足輕捷遂同燈燭熒熒侍婢凝立帳幄綺繡
於陝州宿張辭力不能又已蘇得新衣則可起也有金拖
行八百里張懼而辭之其曰恐爲州縣所執容曰無憚但

道矣、攜出東郊、賜冀雌曰、小人無能見也、以出三鄉貨之、市
但過道北有林數處可暫曰、但啟櫬當自起、昭如言果見
去過蘭昌宮古木修竹四大穴、其器服玩金玉悉取而出
隱身於古殿側、以爲風月 識者見其顏鬢不衰、蓋師靈藥已爲地行仙、時黃尊
[illegible]客語而至簫閑具以情對、乃之師於中道忽遇瞿生揖而言
[illegible]鳳臺坟蕭鳳臺次劉聞翘容曰、見騎驢老即是所隨點鐵者即
劉翘蕭嶺宮籠踰[illegible]過帝藜舊侶、故來視之、不久當返東
亦數侍天師、[illegible]顏[illegible]其[illegible]理、便得相見、師歸山未幾、即
但汝不以處世奈何、子曰、弟子亦復遣使往請三返、乃至
翘、曰、汝但服之、雖[illegible]不壞、勑使陳許、劉[illegible]逐青[illegible]骨肉[illegible]戶口之臣

而有風使魂不爲空魄不收者愍之勸謝病歸柳泌前至
年待遇生人交精之氣或浙東觀察使捕解入京皇甫鎛
具白貴妃恤之命中貴人翰林修合丹藥是冬十月丹成
如約今已百年矣師所云多躁怒先有蕰城腳力張儼傭
年卿因詣天師狀貌醜似遇一人求為伴曰君受我料理
矣不然何委曲致于此哉坑深五六尺令張背立垂鍾坑
婦我穴側故相娶一處旋又自膝下至骭再三捋之黑血
各俱往蘭鳳辭去見室中行云朝發鄭州纔午至汴復要
遂同寢處居數日曰吾體曰可暫卸膝蓋骨且無所苦當
臂君可持往近縣易衣昭人亦不强曰有事須暮及陝張

九天飛行使者　穆宗恒　施肩吾　李建　張籍　見觀吾

卯其名字曰我九天飛行使者凡巖洞公事皆我報白唐
帝乃靈眞大士降世不日將歸職當傳報耳其行如飛瞬
息不見庚子春正帝丹發暴崩在位十五年壽四十三歲太子即位爲穆
宗貶騁道古杖殺柳泌方士皆流嶺表白居易奏言進士
施肩吾高邁隱逸可徵用之帝命再召不起肩吾字希聖號華陽
睦州分水人習禮記元和十五年賦大羹不和主文太常卿李建識
拔之既及第即挈家隱洪州西山司業張籍有送東歸詩矢志終身
不仕奉眞朝斗遇許旌陽授五種內丹訣及外存神仙方
見觀吾亦好道與之合鍊曰久始成恒山杜沖已證位太
極眞人時往衡山晤祝融君得見施氏兄弟乃曉之曰